BEITRÄGE

Roland Reichenbach
Über Bildungsferne — 5

Joachim Fischer
Hat Dresden Antennen?
Die Funktion der Stadt für
gesamtgesellschaftliche
Debatten seit 1989 — 16

Jan-Werner Müller
Populismus: Theorie und Praxis — 28

KRITIK

Ute Sacksofsky
Rechtskolumne.
Symmetrie, Gleichheit
und Gender Studies — 39

Christian Demand
Memorialkolumne.
Gedenkmarktbeobachtungen — 47

Wolfgang Martynkewicz
Über Hitlers München — 55

Jakob Hessing
Wer ist ein Klassiker der Moderne?
Zur kritischen Werkausgabe
Ernst Tollers — 64

MARGINALIEN

Stefan Kleie
Rechte Mobilmachung — 71

Martin Sabrow
Schattenorte — 77

Achim Landwehr
Kulturelles Vergessen.
Erinnerung an eine historische
Perspektive — 84

Martin Burckhardt
Der Meister aller Selfies — 92

Stephan Herczeg
Journal (XXIX) — 101

Roland Reichenbach, geb. 1962, Professor für Allgemeine Erziehungswissenschaft an der Universität Zürich. 2011 erschien *Pädagogische Autorität. Macht und Vertrauen in der Erziehung*; 2013 *Für die Schule lernen wir. Plädoyer für eine gewöhnliche Institution*.
roland.reichenbach@ife.uzh.ch

Joachim Fischer, geb. 1951, Honorarprofessor für Soziologie an der TU Dresden. 2014 erschienen *Kultursoziologie im 21. Jahrhundert* (Herausgeber mit Stephan Moebius) sowie *Plessner in Wiesbaden* (Herausgeber mit Tilman Allert).
www.fischer-joachim.org

Jan-Werner Müller, geb. 1970, lehrt Politische Theorie und Ideengeschichte in Princeton. 2015 erscheint *Was ist Populismus?*
www.princeton.edu/~jmueller/

Ute Sacksofsky, geb. 1960, Professorin für Öffentliches Recht und Rechtsvergleichung an der Goethe-Universität Frankfurt. 2008 ist erschienen *Rechtliche Möglichkeiten des Verkaufs von Emissionsberechtigungen*.

Wolfgang Martynkewicz, geb. 1955, freier Autor, Dozent für Literaturwissenschaft. 2009 erschien *Salon Deutschland. Geist und Macht 1900–1945*.
martynkewicz@gmail.com

Jakob Hessing, geb. 1944, Professor emeritus für Deutsche Literatur an der Hebräischen Universität Jerusalem. Im Herbst 2015 erscheint der mit Verena Lenzen verfasste Band *Sebalds Blick*.

Stefan Kleie, geb. 1980, Germanist und freier Journalist. Seine Dissertation zu Richard Strauss' *Rosenkavalier* und Hugo von Hofmannsthal erscheint voraussichtlich 2015.
kleie.stefan@gmail.com

Martin Sabrow, geb. 1954, Professor für Neueste Geschichte und Zeitgeschichte an der Humboldt-Universität zu Berlin und Direktor des Zentrums für Zeithistorische Forschung in Potsdam. 2014 ist *Zeitgeschichte schreiben* erschienen.

Achim Landwehr, geb. 1968, Professor für Geschichte der Frühen Neuzeit an der Heinrich-Heine-Universität Düsseldorf. 2014 erschien *Geburt der Gegenwart. Eine Geschichte der Zeit im 17. Jahrhundert*.
landwehr@phil.hhu.de

Martin Burckhardt, geb. 1957, Autor und Kulturtheoretiker. 2015 hat er den Roman *Score* veröffentlicht sowie (zusammen mit Dirk Höfer) *Alles und Nichts. Ein Pandämonium digitaler Weltvernichtung*.
http://martin.burckhardt.de

Stephan Herczeg, geb. 1961, freier Autor und Journalist.

ZU DIESEM HEFT

»*Ein Gespenst geht um in der westlichen Welt – das Gespenst des ›Populismus‹.*« Mit dieser Umwidmung des bekannten Marx-Zitats eröffnete der Soziologe Helmut Dubiel Heft 438 des *Merkur* im August 1985. Die Populismushysterie unserer Tage hat also offenbar eine lange Vorgeschichte. Wie man aus Dubiels gelassen klugem Essay erfährt, stand vor dreißig Jahren die CDU ebenso chronisch unter Populismusverdacht wie die neoliberale Agenda Margaret Thatchers oder die ultrakonservativen Steuerstreikbewegungen von Dänemark bis Kalifornien. Verwirrenderweise aber sahen sich zugleich auch Ökologiebewegung, Frauenbewegung und Friedensbewegung damals ständig dem Vorwurf ausgesetzt, sie zielten mit ihren politischen Anliegen auf populistische Reflexe ab. »Völlig offen bleibt, was der Begriff eigentlich bedeutet«, resümierte Dubiel seinerzeit trocken.

In den politischen Auseinandersetzungen der Gegenwart ist der Populismusvorwurf wieder ähnlich allgegenwärtig. Dass der Begriff mittlerweile klarere Konturen bekommen hätte, kann man allerdings nicht behaupten. Jan-Werner Müllers konziser Definitionsvorschlag in diesem Heft versucht, ihm genau diese Konturen zu geben. Indem er das Phänomen politiktheoretisch analysiert, kann er unter anderem zeigen, dass die These, der Populismus sei ein »nützliches Korrektiv« der Demokratie, nichts als ein naives Märchen ist.

Stefan Kleies kenntnisreicher Aufriss aktueller Strategien und Ziele rechter und rechtspopulistischer Aktivisten in Deutschland bietet dazu eine ebenso wichtige Ergänzung wie Joachim Fischers überraschender Blick auf Dresden als »Aufmerksamkeitsposten der deutschen *civil society*«.

CD / EK

Roland Reichenbach
Über Bildungsferne

Autobiografische Notizen

In der Wohnung, in der ich aufgewachsen bin, war kein Bücherregal nötig, meine Eltern waren »bildungsfern« – zumindest würde man sie in der empirischen Bildungsforschung heute so nennen.[1] Freiwillig habe ich mein erstes Buch mit etwa zwölf Jahren gelesen. Es hieß *Mein Schicksal heißt Catrina*. Ich hatte es mir wohl erstanden, weil mich der Name *Catrina* an ein Mädchen erinnerte, in das ich verliebt war und das Käthi hieß. Doch die Lektüre war zäh. Die Geschichte erzählt von einer Alleinüberquerung des Atlantik. Erst nach etlichen Seiten dämmerte mir, dass »nur« das Boot *Catrina* hieß. Das war enttäuschend, denn ich hatte mir insgeheim eine Liebesgeschichte erhofft, und zwar mit einer Frau, nicht mit einem Boot. Ein weibliches Wesen namens Catrina ist in diesem einsamen Ozean bis zum Schluss nicht aufgetaucht. So versuchte ich mich für Fragen der Navigation zu interessieren, was in den Berner Alpen einer gewissen Vorstellungskraft bedarf. Bis vor wenigen Jahren habe ich Bücher wie schon *Mein Schicksal heißt Catrina* gegen fast jeden Widerstand bis zum Schluss gelesen, auch wenn sich die Öde schon auf den ersten Seiten angekündigt hat. Rar verstreute Sätze, die meiner Aufmerksamkeit wert waren, fungierten als intermittierende Verstärkung; so hat sich meine Lesebereitschaft – Bildungsferne hin oder her – erhalten. Noch heute befällt mich ein leicht protestantisches Gefühl, wenn ich ein Buch mitten in der Lektüre weglege.

Wer in »bildungsfernen Verhältnissen« aufwächst, wächst immer auch in »einfachen Verhältnissen« auf. Was an diesen Verhältnissen genau einfach sein soll, bleibt unklar. Mit meinen Brüdern, beide naturgemäß bildungsfern wie ich, schaute ich über viele Jahre sehr viel fern: die dümmsten damals angebotenen Sendungen, aber auch interessante Reportagen, zum Beispiel über die Transsibirische Eisenbahn. Sonntagsausflüge mit den Eltern mussten immer wieder frühzeitig abgebrochen werden, weil wir drei Brüder hartnäckig drauf bestanden, um 17 Uhr zu Hause zu sein, um keine Folge von *Daktari* zu verpassen. Die Solidarität unter bildungsfernen Geschwistern ist wohl von einfachem Wesen, aber sie kann wirksam sein. Lange vor 2.0 haben wir schon mit dem Fernsehen interagiert. Zum Beispiel haben

---

1 Das Wort ist 2013 von der Nationalen Armutskonferenz (nak) in die Liste der »sozialen Unwörter« aufgenommen worden.

wir Leon Huber – damals Nachrichtensprecher im Schweizer Fernsehen – wiederholt unsere drei kleinen Hinterteile gezeigt. Leon Huber war ganz irritiert. Jedenfalls meinten wir das. In einfachen Familien werden ja schon die einfachsten Zusammenhänge nicht verstanden.

Bildungsnähe?

Bildungsferne wird über den sogenannten sozioökonomischen und soziokulturellen Status der Eltern der befragten, vielmehr meist getesteten Kinder und Jugendlichen operationalisiert. Aber welches Bildungsverständnis muss im Bildungsforscherkopf vorherrschen, damit er davon ausgehen kann, ganze Bevölkerungsgruppen konnten der Bildung fernliegen? Und wie bildungsnah ist sich dieser Kopf eigentlich selber? Das sei nicht weiter vertieft, wiewohl es besonders interessant sein könnte.

Die Raummetaphorik des Adjektivs »bildungsfern« suggeriert, die Nähe oder Ferne, die Distanz zu Bildung sei graduell bestimmbar. Freilich sind Metaphern deviante Namensgebungen und der Gebrauch von Metaphern insgesamt unvermeidbar. Metaphern heben Aspekte hervor und verbergen andere.[2] Nur ist »Bildungsferne« kein wissenschaftlicher Begriff, sondern eine rhetorische Diskursvokabel, die als politisch korrekter Euphemismus sicher ihre legitime und legitimierende Funktion hat. Man sagt »bildungsfern« und denkt »ungebildet«.

Doch »ungebildet« soll man Menschen nicht nennen. Bloß Säuglinge können als (noch) ungebildet erkannt und benannt werden, sollte man meinen. Ob Säuglinge bildungsfern sind, hängt offenbar vom Status ihrer Eltern ab. In jedem Fall ist ein Baby ein noch ganz vorsprachliches und vorreflexives Wesen, und es sieht, wie Whitehead meinte, »eindeutig nicht nach einem vielversprechenden Kandidaten für intellektuellen Fortschritt aus, wenn wir uns der Schwierigkeit der Aufgabe besinnen, die ihm bevorsteht«.[3] Das Baby hat Pech, wenn es in eine bildungsferne Familie hineingeboren wird (es ist dann ein bildungsfernes Baby) – es hat Glück, wenn es in einer bildungsnahen Familie aufwächst (obwohl es sich noch nicht wie ein gebildetes Baby verhält, denn das kommt erst später). Doch auch in bildungsnahen Milieus ist nicht alles einfach. Bertrand Russell berichtet zum Beispiel, dass sein erstes Kind als Neugeborenes zunächst wie Immanuel Kant ausgesehen

---

2 Vgl. George Lakoff / Mark Johnson, *Metaphors We Live By*. University of Chicago Press 1980.
3 Alfred North Whitehead, *Die Ziele von Erziehung und Bildung und andere Essays* (1967). Berlin: Suhrkamp 2012.

habe. Das war ein Schock! Erst Tage danach habe das Kind die Form eines richtigen Babys angenommen. In einer bildungsfernen Familie ist diese Erfahrung unwahrscheinlich, es geht dort einfacher zu: Babys erinnern da nur an andere Babys, niemals an Aufklärer, auch wenn diese selbst – wie Kant oder Rousseau – aus bildungsfernen Milieus, vergleichsweise »einfachen Verhältnissen« stammen.

Der Bildungsforscher hat klare Kriterien für Bildungsnähe oder Bildungsferne: zum Beispiel die Anzahl der Bücher im Regal des elterlichen Haushalts oder die Anzahl der Jahre, die ein Mensch in Bildungsinstitutionen verbringt. Letzteres könnte auch als Variable diskutiert werden, die den Prozess des Erwachsenwerdens gerade verzögert. In diesem Sinne verbindet sich das Recht auf formale Bildung auf eigentümliche Weise mit dem Bedürfnis nach Entwicklungsverzögerung. Mit der stetigen Ausweitung des psychosozialen Moratoriums erscheint die Postadoleszenz selbst gegen Ende des dritten Lebensjahrzehnts noch als Fernziel.

Hier haben wir vielleicht ein Kriterium für Bildungsnähe, das aus jenem der Bildungsferne in der empirischen Bildungsforschung folgt. Der Untertitel von Susan Neimans lesenswerter Abhandlung *Warum erwachsen werden?* lautet: »Eine philosophische Ermutigung«.[4] Es sind vor allem die »bildungsnahen« Menschen, die diese Ermutigung offenbar brauchen, vermutet man bei dieser Lektüre. Die Kindheit und vor allem die Jugendzeit der Bildungsfernen sind vergleichsweise kurz. Natürlich würde man Erwachsenwerden und Bildung nicht nur in der pädagogischen Theorie, sondern auch im Alltagsverständnis in einem engen und positiven Zusammenhang sehen wollen. Doch dazu müssten Allgemeinbildung, besondere Bildung (zum Beispiel Berufsbildung) und vor allem die allgemeine Menschenbildung unterschieden und je in ihrem Recht und ihrer Bedeutung anerkannt werden.

Für den empirischen Bildungsforscher, der lieber mit großen Datensätzen rechnen will oder muss, ist ein Konzept wie »allgemeine Menschenbildung« freilich unbrauchbar. Er wird dabei bleiben: Wer sich zu Hause vor allem um seine jüngeren Geschwister kümmern muss oder um den elterlichen Haushalt oder aber im Laden steht statt die Schulbank zu drücken oder, weil er keine Lehrstelle findet, sein Glück als Hilfsarbeiter im Ausland sucht, ist »bildungsfern«. Wer also früh im Leben und ungefragt Verantwortung für sich und andere übernehmen muss, gilt in der Taxonomie der empirischen Bildungsforschung höchstwahrscheinlich als »bildungsfern«. Wer hingegen mit 25 oder 30 Jahren noch nicht so recht weiß, was er mit seinem

---

[4] Susan Neiman, *Warum erwachsen werden? Eine philosophische Ermutigung.* Hanser Berlin 2015.

Leben anfangen will, ist wahrscheinlich »bildungsnah«. Wohl sitzt er in Seminaren oder Hörsälen, vielleicht mit den Jahren zunehmend verunsichert, verdattert und etwas schlaff, aber er tut etwas für seine Bildung. Was dieses »Etwas« ist, weiß er selber möglicherweise umso weniger, je länger er da sitzt.

Mass higher education

Mit der Entwicklung zur *mass higher education* können sich nun immer mehr junge Menschen immer länger sitzend bilden. Die Optionen einer erfolgreichen Zukunft stehen ihnen offen, glauben sie. Bildungsökonomische Studien geben ihnen zumindest in finanzieller Hinsicht Recht. Nur das Gefühl, gebraucht zu werden, eine Funktion für andere zu haben, an einer großen oder auch kleinen Sache mitzuwirken, erfahren sie wenig – überhaupt das Gefühl, für andere und anderes als die eigene Bildung wichtig zu sein. Daher ist Bildungsnähe häufig mit so wenig Leidenschaft und Freude verbunden. Universitäten und Fachhochschulen sind heute für vergleichsweise sehr viele Menschen zugänglich geworden.

Die Alma mater behandelt als nährende Übermutter die ihr Zugeordneten und Zugelaufenen zunächst alle gleich. Immer mehr wollen genährt werden mit Bildung und Wissen, und die »Allgemeine Hochschulpflicht« (Reinhard Kreckel) ist dabei, verwirklicht zu werden. Das Phänomen der *mass higher education* ist global und findet weitgehend unabhängig vom wirtschaftlichen Entwicklungsniveau der Nationalstaaten statt. Die Hochschulexpansion folgt »prinzipiell einem globalen Muster, nicht unterschiedlichen nationalen Verlaufsmustern«, nationale Bildungssysteme sind globalen Modellen unterworfen: »Nationalistische Grundsätze und die Verherrlichung nationaler Sonderwege verloren nach zwei weitgehend durch sie verursachten Weltkriegen und einer Weltwirtschaftskrise an Attraktivität.«[5] Bekanntlich ist die Wahrscheinlichkeit, mit der sich Kinder aus bestimmten Milieus an einer Universität einschreiben, statusabhängig geblieben, so haben Beamtenkinder in Deutschland zwischen 1969 und 2000 den größten Chancenzuwachs verzeichnen können, dies vor den Söhnen und Töchtern von Selbständigen und Angestellten, während Arbeiterkinder nur einen sehr geringen Chancenzuwachs vorweisen können.[6] Die scheinbare

---

5   John W. Meyer / Evan Schofer, *Universität in der globalen Gesellschaft. Die Expansion des 20. Jahrhunderts*. In: *die hochschule*, Nr. 2, 2005.
6   Vgl. Jens Wernicke, *Hochschule im historischen Prozess. Zum Verhältnis von Universitätsentwicklung, Klassengesellschaft und Macht*. Berlin: AStA der FU Berlin 2009.

Demokratisierung der Bildung – schlimmes Wort »Massenbildung« – verringert die sozioökonomischen Unterschiede keineswegs, sondern mag sogar noch dazu beitragen, sie zu vergrößern. Doch dass durch Schule, Bildung und Ausbildung ungleiche Chancen möglichst zu kompensieren sind, darüber herrscht unhinterfragt Konsens, wiewohl die paradoxale Struktur dieser Forderung schon vor vielen Jahren von Helmut Heid überzeugend analysiert worden ist.[7] Die gesellschaftliche Anerkennung dieses wahren Sisyphosprojekts ist Ermöglichungsbedingung einer umfassenden Pädagogisierung der Gesellschaft. »Eine enorme Maschine«, so Jacques Rancière, »setzte sich in Gang, um die Gleichheit durch Ausbildung zu fördern.«[8] Diese Maschine hat viele zusätzliche Funktionen, unter anderem schafft sie selber neue »pädagogische« Arbeitsstellen und sichert deren Dauer, und sie mindert das gesellschaftliche Unbehagen an der sozialen Ungleichheit: Es wird ja etwas getan.

Der erste Mensch

Wer aus einer »bildungsfernen« Schicht den Aufstieg in »bildungsnahe« Milieus schafft, hat vielleicht Glück gehabt, hat sich vielleicht sehr angestrengt, und dies ist belohnt worden. Er hat aber auch ein Milieu verlassen, das ihn nicht mehr verstehen wird, und er wird vielleicht, um es in Anlehnung an Pierre Bourdieu zu sagen, »oben« nie wirklich ankommen, da man ihm den Stallgeruch oder den Habitus noch lange Zeit, vielleicht zeitlebens anmerkt. Fast sicher ist aber, dass er eine wesentliche Unterstützung erhalten haben muss, durch eine Person, die ihn zum Lernen und zur Anstrengung ermutigt hat.

Eine rührende Beschreibung eines solchen pädagogischen Verhältnisses ist Albert Camus' Autobiografie zu entnehmen. Für Jacques, Alberts Alter Ego, ist Lehrer Bernard die Möglichkeit, als Erster in der Familie würdig »wie ein Mensch« zu leben (daher der Titel *Der erste Mensch*). Die Bindung des Knaben, der keinen Vater hat und mit seiner lernbehinderten Mutter und der etwas rabiaten Großmutter in ärmlichen Verhältnissen aufwächst, ist elementar und exklusiv. Bernard hilft Jacques und anderen Schülern mit großem Einsatz, die Prüfung ins Gymnasium zu bestehen. Der Preis für diesen Erfolg ist die Trennung von Bernard. Dieser versucht, Jacques

---

7 Helmut Heid, *Zur Paradoxie der bildungspolitischen Forderung nach Chancengleichheit*. In: *Zeitschrift für Pädagogik*, Nr. 1, 1988.
8 Jacques Rancière, *Der unwissende Lehrmeister. Fünf Lektionen über die intellektuelle Emanzipation* (1987). Wien: Passagen 2009.

zu trösten: »›Du brauchst mich nicht mehr‹, sagte er, ›du wirst gelehrtere Lehrer haben. Aber du weißt ja, wo ich bin, besuch mich, wenn du meine Hilfe brauchst.‹«

Camus beschreibt nun die Gefühle, die den Jungen mit dem Bewusstsein des Preises für seinen Bildungserfolg überwältigen: »Er ging, und Jaques blieb allein, verloren inmitten dieser Frauen, dann stürzte er zum Fenster und sah seinem Lehrer nach, der ihn ein letztes Mal grüßte und ihn von nun an allein ließ, und statt der Freude über den Erfolg zerriss ein grenzenloser Kinderkummer sein Herz, so als wüsste er im Voraus, dass er soeben durch diesen Erfolg aus der unschuldigen, warmherzigen Welt der Armen herausgerissen worden war, einer wie eine Insel innerhalb der Gesellschaft in sich abgeschlossenen Welt, in der das Elend als Familie und Solidarität dient, um in eine unbekannte Welt geworfen zu werden, die nicht mehr seine war, von der er nicht glauben konnte, dass die Lehrer gelehrter waren als dieser, dessen Herz alles wusste, und er würde in Zukunft ohne Hilfe lernen und verstehen müssen, ohne den Beistand des einzigen Menschen, der ihm geholfen hatte, schließlich ganz auf seine Kosten sich allein erziehen und erwachsen werden müssen.«

Gleichheit als Praxis

Gleichheit ist ein Gerechtigkeitsideal. Moralische und politische Ideale haben einen regulativen Charakter: Wer sie anerkennt, handelt anders oder möchte anders handeln oder möchte, dass anders gehandelt wird. Aus diesem Grund ist Gleichheit (beziehungsweise Ungleichheit) weniger als Zustand zu diskutieren, sondern vornehmlich als *soziale Praxis*. Genauer betrachtet ist sie eine Unterstellungsleistung, sei dieselbe kontrafaktisch herausgefordert oder nicht. Gleichheit ist nur zwischen Menschen existent, »die sich als vernünftige Wesen ansehen« (Rancière).

Lehrer Bernard behandelt Jacques als ein vernünftiges Wesen. »Das Problem ist nicht, Gelehrte zu erzeugen«, schreibt Rancière, es besteht darin, »diejenigen dazu zu ermutigen, sich zu erheben, die sich niedrig an Intelligenz glauben, sie aus dem Sumpf zu ziehen, in dem sie verkommen; nicht dem Sumpf der Unwissenheit, sondern der Selbstverachtung, der Verachtung des vernünftigen Geschöpfes in sich.« Man kann Gleichheit politisch-moralisch fordern, man mag glauben, sie sei gegeben oder nicht gegeben, allein durch diese Praktiken wird Gleichheit nicht notwendigerweise wirklicher oder gar realisiert; vielmehr muss Gleichheit praktiziert werden, und das bedeutet in letzter Konsequenz, die Intelligenz – sagen wir kantisch: die Intelligibilität – des anderen als gleiche wie die eigene zu betrachten. Gleichheit ist aus diesem Grund – zumindest mit Jacques Rancière – mit Vernunft gleichzusetzen.

Was nun den Zustand der Gleichheit (respektive umgekehrt der Ungleichheit) in der Gesellschaft betrifft, so sei zu »wählen, ob man sie den wirklichen Individuen zuspricht oder ihrer fiktiven Vereinigung. Man muss wählen zwischen einer Gesellschaft der Ungleichheit mit gleichen Menschen oder einer Gesellschaft der Gleichheit mit ungleichen Menschen. Wer den Geschmack für die Gleichheit hat, dürfte nicht zögern: Die Individuen sind die realen Wesen und die Gesellschaft eine Fiktion. Für die realen Wesen hat die Gleichheit einen Wert, für eine Fiktion hingegen nicht.« Man könnte mit Rancière formulieren, dass Gleichheit eine soziale *Praxis* und Ungleichheit ein gesellschaftliches *Faktum* darstellt. Gleichheit ist eine Anerkennungsleistung, die gegen die soziale und gesellschaftliche Ungleichheit, der wir überall begegnen, aufgebracht werden kann.

Die moderne Moral der symmetrischen Kommunikation gebietet freilich die Unterstellung von gleichen Rechten und Pflichten. Dies ist in unseren Breitengraden weithin anerkannt, daher unterliegt – in der Regel – nicht die Gleichbehandlung, sondern die Ungleichbehandlung einem Rechtfertigungsdruck. Dennoch ist die Lage meist komplizierter; in welchem Verhältnis tatsächliche Ungleichheiten und (normative) Gleichheitspostulate zu sehen sind, kann nur strittig bleiben und ist jedenfalls keine wissenschaftliche Frage, sondern Gegenstand des ethischen und politischen Diskurses: Welche Ungleichheiten sind erstens als ungerecht zu betrachten? Welche lassen sich zweitens ethisch nicht rechtfertigen, und welche sind drittens hinzunehmen, da sie wohl nicht zu verändern sind? Als einigermaßen fromm kann die Annahme bezeichnet werden, wonach in pluralistischen Gesellschaften immer oder auch nur meistens Konsens darüber hergestellt werden könnte, welcher Kategorie eine konkret festgestellte und empirisch belegbare Ungleichheit zugeordnet werden müsse, »moral disagreement is here to stay«.[9]

Da sich die Widersprüche der demokratischen – oder auch nichtdemokratischen – Gesellschaft (wahrscheinlich) zwangsläufig in all ihren Subsystemen – nicht nur dem Bildungssystem – auswirken, können die gesellschaftlichen Probleme letztlich weder der einzelnen Schule beziehungsweise dem Bildungssystem als Ganzem angelastet noch von dieser oder diesem wirklich gelöst werden. Und daher sind manche gesellschaftlich notwendigen Funktionen der Schule in pädagogischer und ethischer Sicht teilweise höchst problematisch. Dieser widersprüchlichen Struktur wird im erzie-

---

9 A. Gutmann/D. Thompson, *Democracy and Disagreement*. Cambridge, Mass.: Harvard University Press 1997.

hungswissenschaftlichen Diskurs der Ungleichheit und vor allem im bildungspolitischen Diskurs der Ungerechtigkeit wenig Aufmerksamkeit geschenkt, wohl weil mit diesem Augenmerk eine unangenehme Ratlosigkeit offensichtlich würde: Chancengleichheit wird es nie geben, und die Schule wird unfair bleiben, so viel ist klar – die Frage ist eher, wer und wie viele auf der (scheinbaren) »Verliererseite« oder aber »Gewinnerseite« steht beziehungsweise stehen und wie sich dieses Verhältnis verändern lässt.

Während es wissenschaftlich von Bedeutung ist, die vorhandenen Ungleichheiten möglichst angemessen zu erfassen oder wenigstens zu beschreiben, kommt es ethisch, politisch und pädagogisch darauf an, ob Gleichheit praktiziert wird und in welchen Bereichen menschlicher Handlungsmöglichkeiten mit dieser Praxis gerechnet werden kann. Die bescheidene – und dennoch vielleicht politische(re) – Sicht lautet, dass Gleichheitspraxis nur auf der Ebene der Individuen und nicht auf der Ebene der Institutionen, Organisationen oder gar der Gesellschaft wahrscheinlich ist. Das hat nicht primär damit zu tun, dass letztlich nur Individuen handeln können und nicht Strukturen, sondern damit, dass das gesellschaftliche Faktum von ungerechten oder nicht legitimierbaren Ungleichheiten sich in allen gesellschaftlichen Teilsystemen widerspiegelt, sei dies mehr oder weniger ausgeprägt und mehr oder weniger gut kaschiert.

Die zeitgenössische Empörung über die Ungerechtigkeit im Bildungsbereich wirkt nicht immer aufrichtig (denn alle »empören« sich ja auf ihre je kommode Weise, und gleichzeitig können Schuldige an der Misere nicht wirklich bezeichnet werden, was moralisch interessanter wäre) und scheint auch nicht unbedingt in tiefschürfendem Denken zu wurzeln, sondern sie gehört zum Arsenal der gefälligen und politisch korrekten Artikulationen. Ganz abgesehen davon, dass die Empörungskapazität der Menschen begrenzt ist, scheinen zwei mehr oder weniger stillschweigende Annahmen zur flotten Ausstattung der Ungleichheitsdiskurse zu gehören, nämlich erstens die Annahme, dass (formale) Bildung zu Emanzipation führe (zumindest führen solle und gegebenenfalls könne), und zweitens die Vermutung, dass (zunehmende) Gleichheit immer auch Fortschritt bedeute.

Pädagogische Panik

Je mehr sich die »Allgemeine Hochschulpflicht« durchsetzt, desto systematischer wird auch der Verblendungszusammenhang, der sich in der Überzeugung artikuliert, wonach sozialer Fortschritt ein primär pädagogisches Projekt darstelle. Das Vehikel zur Erreichung der zunehmenden Gerechtigkeit oder des Schwindens ungerechter Ungleichheit wird vorwiegend noch in der Bildung (und den damit verbundenen gesellschaftlichen Teilhabemöglichkeiten) gesehen, wobei es – genauer gesagt – letztlich ja immer der Bildungsabschluss leisten soll. Die gesellschaftlich akzeptierte – und dennoch nie wirklich überzeugende – Gleichsetzung von Bildungsabschluss und Bildung ist eine zentrale Bedingung für die umfassende Pädagogisierung der Gesellschaft, in der sich Personen mit Abschlüssen größeren Prestiges »emanzipiert(er)« und »gebildeter« wähnen können als die Personen, die sie in der Hierarchie des Bildungs- und Ausbildungssystems scheinbar hinter sich gelassen haben.

Damit aber Gutes getan werden kann beziehungsweise die guten Intentionen nicht an der Komplexität und Widersprüchlichkeit der Wirklichkeiten scheitern, braucht es frohe Botschaften in einem Vokabular mit eindeutiger Orientierungsfunktion: Das »Neue« oder »Innovative« muss als das Gute erscheinen, und schon die Erscheinung muss selbst performativ wirksam sein. Die Wirkungsleistung ist eine Funktion der symbolischen »Gewalt«, das heißt einer Macht, »der es gelingt, Bedeutungen durchzusetzen und sie als legitim durchzusetzen, indem sie die Kräfteverhältnisse verschleiert, die ihrer Kraft zugrunde liegen«.[10]

Basil Bernstein war sicher einer der ersten Autoren, die in diesem (Überzeugungs- und Überredungs)Zusammenhang die Attraktivität des Kompetenzdiskurses profund analysiert haben. Zur Attraktivität dieses Diskurses gehört erstens die »universelle Demokratie« im Kompetenzdenken: »All are inherently competent and all possess common procedures.«[11] Weiter ist es zweitens immer günstig, das lernende Subjekt als aktiven und kreativen Konstrukteur einer bedeutungsvollen Welt vorzustellen. So wird der Verdacht einer behavioristischen Perspektive, die bekanntlich am Subjekt herzlich wenig interessiert ist, wirkungsvoll entkräftet (denn wie könnte man gegen Kreativität und Eigenaktivität sein?). Von Bedeutung ist freilich zusätzlich drittens das Konzept der selbstregulierten Entwicklung (heute: des selbstregulierten Lernens): »Official socializers are suspect, for acquisition of these procedures is a tacit, invisible act not subject to public regulation«. Und schließlich mag es viertens schwer sein, sich gegen die begriffliche Engführung von Kompetenz und Emanzipation zu wehren.

Die hier virulent gewordene Transformation des Bildungsverständnisses kann als eine Verschiebung des Fokus oder Ideals der Bildung als Kulturgut

---

10 Pierre Bourdieu / Jean-Claude Passeron, *Grundlagen einer Theorie der symbolischen Gewalt*. Frankfurt: Suhrkamp 1973.
11 Basil Bernstein, *Pedagogy, Symbolic Control, and Identity*. Lanham: Rowman & Littlefield 2000.

und Fachwissen zum Leitbild der Bildung als Kompetenz und Humankapital verstanden werden.[12] Die tiefere Ursache dieser Bewegung sieht Richard Münch in der Verschiebung der symbolischen Macht weg von »nationalen Bildungseliten« hin zu »transnational organisierten Wissenseliten«. Im Kontext der Weltkultur verlieren nationale Entwicklungspfade ihre Legitimität und Effektivität. Wenn wir letztlich alle darin gleich sind, dass wir unsere Potentiale haben und dieselben in unserer Entwicklung möglichst nutzbar machen sollen (wenn nötig, mit zusätzlichen Förderhilfen), dann kommt es eigentlich nur noch darauf an, die gesellschaftlich vielversprechendsten Bildungsprogramme zu etablieren, Bildungsleistungen auf allen Systemebenen zu kennen und zu erfassen, wenn möglich zu messen und evidenzbasiert allfällige Korrekturen anzubringen; dies entspricht offenbar einem eindeutig progressiven und widerspruchsfreien Vorhaben, dem eigentlich nur ignorante, nostalgische und/oder elitäre Haltungen entgegenstehen können.

Dass aber hinter dieser scheinbaren Eindeutigkeit und diesem offenkundig pädagogischen Optimismus eine tiefe gesellschaftliche Verunsicherung, vermeintliche oder nicht vermeintliche Orientierungslosigkeit und Verschleierungstendenz stecken könnten, bleibt wohl eine Ansicht, die nicht von vielen Bildungs- und Erziehungswissenschaftlern geteilt wird. Bernstein sprach von pädagogischer Panik: »Ich denke, was wir gerade erleben, ist eine pädagogische Panik, die die moralische Panik maskiert, eine tiefe Panik in unserer Gesellschaft, die nicht weiß, was ist und wohin es geht. Und das ist eine Periode der pädagogischen Panik. Und es ist das erste Mal, dass pädagogische Panik die moralische Panik maskiert bzw. verschleiert.«[13]

Hauptsache Schulabschluss – und je größer der Anteil der Menschen mit höheren Abschlusszertifikaten, umso besser und gerechter erscheint das Bildungssystem. Die Schülerinnen und Schüler, die jetzt immer länger die Schulbank drücken müssen, mögen zwar nicht mehr wissen, warum sie dieses oder jenes lernen müssen, sie wissen auch schon während der Aneignung, dass sie die Lerninhalte sehr bald alle vergessen haben werden und es auf diese Inhalte auch nie mehr wirklich ankommen wird, sie wissen aber, dass sie es jetzt lernen müssen. »Jahr für Jahr entlässt ... [die Schule] mehr und mehr desorientierte Schülerkohorten, denen man ihre Anpassung an ein maladaptiv aus dem Ruder gelaufenes Schulsystem immer deutlicher

---

12 Vgl. Richard Münch, *Globale Eliten, lokale Autoritäten. Bildung und Wissenschaft unter dem Regime von PISA, McKinsey & Co.* Frankfurt: Suhrkamp 2009.

13 Zit. n. Michael Sertl, *A Totally Pedagogised Society. Basil Bernstein zum Thema.* In *Schulheft*, Nr. 116, 2004.

anmerkt, ohne dass den einzelnen Lehrer oder Schüler auch nur die geringste Schuld daran träfe. Beide sind in einer Ökumene der Desorientierung vereint, zu der sich ein historisches Gegenstück kaum finden lässt.«[14]

Schluss

Es wird geschätzt, dass in Deutschland in den letzten fünfzehn Jahren rund 100 Millionen Euro für schulische Leistungsstanderhebungen ausgegeben worden sind (im Vergleich dazu, was das Bildungssystem jährlich kostet, ist dies natürlich eine kleine Summe). Dieser Teil der empirischen Bildungsforschung findet zur Hauptsache immer wieder heraus, was man schon zuvor gewusst hat, dass nämlich das Lernen der Kinder aus »bildungsfernen« Schichten vergleichsweise wenig erfolgreich ist. Jeder Pädagoge weiß, dass diese Forschung, so interessant und notwendig sie sein mag, die Praxis nicht verbessern und die Benachteiligung ganzer Bevölkerungsgruppen nicht aufheben wird. Praxis ist nur in der Praxis selbst zu verbessern. Das erfordert weniger neue didaktische Methoden und großartige Ressourcenerweiterungen als vielmehr und an erster Stelle Lehrerinnen und Lehrer des Typs Bernard. Auch die können die Ungerechtigkeit des Systems nicht aufheben, aber sie können – selbst als »unwissende Lehrmeister« – jene Gleichheit praktizieren, von der Rancière spricht. Das kann im Einzelfall den entscheidenden Unterschied machen.

Die bemerkenswerte Verarmung der Sprache der Bildung, die sich an der weitgehenden Gleichsetzung von Bildung mit Schul- beziehungsweise Bildungsabschluss feststellen lässt, ist ein Indiz dafür, wie wenig die erziehungswissenschaftliche und vor allem politisch geförderte empirische Bildungsforschung noch an den tatsächlichen Lern- und Bildungsprozessen der Menschen in ihrer Lebenswelt interessiert ist. In dieser begrifflichen und ideellen Verarmung liegt die Wurzel des verachtenden Ausdrucks »bildungsfern«.

14 Peter Sloterdijk, *Du mußt dein Leben ändern. Über Anthropotechnik*. Frankfurt: Suhrkamp 2009.

Joachim Fischer
Hat Dresden Antennen?

Die Funktion der Stadt für gesamtgesellschaftliche Debatten seit 1989

Wenn Pegida eine »Schande für Deutschland« ist, dann fällt auf Dresden ein tiefer Schatten stadtgesellschaftlichen Versagens. Seit dem rhythmischen An-, Ab- und Wiederanschwellen einer islamskeptischen, asylreservierten, partei- und medientrotzigen Protestbewegung im städtischen Zentrum richtet sich ein erschrockener, aufgeschreckter Blick auf Dresden – von außerhalb, ja international, aber auch lokal in Dresden selbst. In die öffentliche Abscheu mischt sich ein Schuss Schadenfreude, dass das »schöne Dresden« vom hohen Ross gefallen zu sein scheint, mit der erneut bestätigten Westerwartung einer steckengebliebenen Mentalprovinzialität Ostdeutschlands. Selbst die prominenten Stadtsänger rechnen nun endgültig mit der Stadt ab (Durs Grünbein). Hockt die Dresdner Stadtgesellschaft nach wie vor im sprichwörtlichen »Tal der Ahnungslosen«, ohne jedes kognitiv-emotionale Verständnis für die Realität und für das selbstverständliche Ethos einer Weltgesellschaft?

Im gegenseitigen Aufschaukeln von demonstrativer Präsenz selbsternannter, auf Limitation zielender »Patriotischer Europäer«, irritierter lokaler und überlokaler Berichterstattung und heftigen innerstädtischen Gegenaktionen für ein weltoffenes »buntes Dresden« hat sich offensichtlich eine gesamtgesellschaftliche Debatte in Dresden – und von Dresden aus in Deutschland – um aktuell-futurische europäische Kulturkonflikte (»Islamisierung«) und darüber hinaus um die gegenwärtigen Regeln politischer und medialer Repräsentanz entfaltet.

Allerdings ist es nicht das erste Mal, dass Dresden in den letzten 25 Jahren für einen unerwarteten, unabsehbaren Eklat und Elan in der deutschen Öffentlichkeit sorgt – das erscheint der Erwähnung und Erörterung wert. Dem Beitrag geht es um eine Distanzbeobachtung. Er will das Pegida-Ereignis in eine Kette von drei anderen öffentlichen Ereignissen einreihen, in denen die Dresdner Stadtgesellschaft mit in ihr entspringenden, stets heftig umstrittenen Aktionen und Initiativen Funktionen für gesamtgesellschaftliche Debatten in der Bundesrepublik Deutschland übernommen hat und übernimmt. Erstens: der unerwartete Dresdner Drall mitten im revolutionären Umbruch der DDR in Richtung Wiedervereinigung beim Kohl-Besuch 1989; zweitens der Wiederaufbau der Frauenkirche und eines ganzen innerstädtischen historischen Quartiers als nachhaltiger Impuls für die soziale

Bewegung des architektonischen »Rekonstruktivismus« in der Moderne, der bis Berlin und Frankfurt reicht; drittens das Dresdner Ringen um das angemessene Gedenken des 13. Februar 1945 als Stellvertreterdiskurs und -ritual für alle zerstörten deutschen (und europäischen) Städte und die damit verknüpfte Täter-Opfer-Debatte; viertens die Pegida- und No-Pegida-Bewegungen als Austragungsform der noch offenen Debatte um Fragen der kollektiven Identität deutscher und europäischer Gesellschaft im 21. Jahrhundert angesichts weltgesellschaftlicher Mobilitäten.

Andere Städte, andere Debatten – könnte man sagen. Hat aber Dresden etwa besondere »Antennen« – Empfangssonden beziehungsweise Fühler –, obwohl oder weil es im »Tal der Ahnungslosen« steckte: jahrzehntelang ohne terrestrischen Empfang von Westfernsehen? Ist die Stadt in ihren innerstädtischen Konfliktkonvulsionen ein Seismograf für vergangene und kommende Erschütterungen, ein Echolot für das sich anbahnende Imaginäre (Castoriadis)? Ist Dresden etwa ein besonderer Ausstrahlungsort der *civil society* in Deutschland, in Europa?

Der spektakuläre Empfang für Helmut Kohl im Dezember 1989

Die neuere und neueste Funktion Dresdens und der Dresdner für gesamtgesellschaftliche Debatten und Entwicklungen in Deutschland setzt am 18. Dezember 1989 ein, als am Flughafen Klotzsche die dorthin strömenden, von niemandem bestellten Bürgermassen den westdeutschen Bundeskanzler bei seinem ersten Besuch in der DDR stimmungs- und erwartungsvoll begrüßen. Die bundesrepublikanische Delegation ist umgehend affiziert von den schwarz-rot-goldenen Fahnen mit dem herausgeschnittenen DDR-Emblem, darunter gemischt die landsmannschaftlichen sächsischen Fahnen.

Der Erwartungsdruck auf Kohl steigert sich – nach den offiziellen Verhandlungen mit dem DDR-Ministerpräsidenten Modrow – während der erst am Vortag angekündigten Rede vor der Ruine der Frauenkirche, wo aus einer Menge von ungefähr 20 000 Teilnehmern erneut Deutschlandfahnen geschwenkt werden und Rufe wie »Deutschland, einig Vaterland« aufbrausen. Es geht hier nicht um die Rede eines führenden Politikers, der die differenten Erwartungen der Dresdner, der DDR-Verantwortlichen, der europäischen Nachbarn, der Weltöffentlichkeit zu balancieren versucht, sondern um den unerwarteten Effekt des unorganisierten Auflaufs Dresdner Bürger auf ihn und andere Entscheider der weiteren Entwicklung. Es bleibt letztlich unklar, wer auf wen reagierte, wer hier die »Richtlinienkompetenz« hatte – der westdeutsche Kanzler oder die ihre Erwartungen deutlich artikulierende Menge. Wenn Kohl noch am Abend erneut zu seiner Delegation – wie bereits bei der Ankunft – sichtlich berührt sagt, »die Sache [in Richtung Wiedervereinigung] sei gelaufen«, dann sind es faktisch offenbar die Dresdner vor Ort gewesen, die diese gesamtdeutsche, europarelevante Sache zum Laufen gebracht haben.

Beim revolutionären Umbruch der DDR war Dresden nur ein Ort unter vielen, alles in allem wahrscheinlich nicht der wichtigste (wichtig allerdings für die »Friedlichkeit«, weil einen Tag vor der alles entscheidenden Leipziger Montagsdemonstration die bürgerkriegsdeeskalierende Dresdner Losung kam: »Man kann miteinander sprechen«). Die Initiative in Richtung Wiedervereinigung aber kam aus der Dresdner Stadtgesellschaft (und wurde dann auf den Leipziger Montagsdemonstrationen von 1989/90 in der Verwandlung des Rufs »Wir sind das Volk« zu »Wir sind ein Volk« zu einem sich verstärkenden Echo) – damit ist nicht gemeint, dass diese Option etwa die einhellige Meinung der Dresdner war. Ein solches Votum für die nationale Einheit war in der Stadtgesellschaft selbst heftigst umstritten.

»Sie haben dem Bundeskanzler die Stadt überlassen«, schrieb der Dresdner Dichter Thomas Rosenlöcher peinlich berührt einen Tag später vom Ausnahmeabend des 18. Dezember in sein Tagebuch: »Von diesem Tag an hört die DDR auf zu existieren.« Noch in einer unmittelbar vor dem westdeutschen Besuch bekanntgewordenen (westdeutschen) Umfrage hatten 70 Prozent der befragten DDR-Bürger für die DDR als einen eigenen deutschen Teilstaat plädiert. Und immerhin galt gerade Hans Modrow, der langjährige SED-Bezirkschef von Dresden, als Hoffnungsträger einer sich reformierenden DDR – und hatte aus dieser Einschätzung vermutlich überhaupt dem Treffen mit Kohl in Dresden zugestimmt. Der Vorwurf, hier hätten sich in einem nationalen Affekt gerade Dresdner unrühmlich mit einem Ruck vom sozialistischen Projekt verabschiedet, hallt bis heute nach – wie im jüngsten Roman von Peter Richter zur Phänomenologie der Anarchie von »89/90« (so auch der Titel des Buches) in Dresden.

Aber als Resultat bleibt, dass Dresden 1989 Geschichte gemacht und geschrieben hat – die Stadt hat mit diesem wechselseitigen Resonanzereignis auf den Kohl-Besuch eine Funktion für eine national-, ja europageschichtliche Weichenstellung übernommen. Ausgelöst von der Dresden-Schockwirkung war die bundesrepublikanische Gesellschaft auch unter ihren Intellektuellen (Walser versus Grass) über der diskursiv längst verabschiedeten Einheitsfrage tief zerrissen – das ist bekannt; auch dass es innergesellschaftlich zu einer Generationenbruchlinie zwischen den 68ern und den 89ern kam. Aber nicht nur für Kohl und seine Mannschaft war die Begegnung mit den sich selbst organisierenden Dresdnern an diesem Tag ein »Schlüsselerlebnis« auf dem Weg zur deutschen Einheit, sondern die von niemandem in Auftrag gegebene Dresdner Demonstration erwies sich insgesamt als Schlüsselschub: Im Endeffekt war es nichts weiter als eine zivilgesellschaftliche Weichenstellung aus der Dresdner Stadtgesellschaft mit weltöffentlicher Ausstrahlung: »Die begeisterte Teilnahme der Bevölkerung [Dresdens] führte aller Welt den Einheitswillen der Ostdeutschen vor Augen«, erinnerte sich Condoleezza Rice, die Sowjetexpertin und Politikberaterin im Stab des damaligen Präsidenten der Vereinigten Staaten.

Die Initiative zum Wiederaufbau der Frauenkirche

Natürlich hängen die Ereignisse zusammen, aber der ab Oktober/November 1989 initiierte Dresdner Wiederaufbau der Frauenkirche hat in Deutschland einen Effekt auf eine ganz anders gelagerte gesamtgesellschaftliche Debatte ausgeübt – nämlich die Debatte über die architektonische Stadtmoderne: das Gesicht der Städte, ihre Ausdrucksgestalt. Zu beachten ist zunächst, dass es sich nicht um eine von oben geplante Rekonstruktion eines Kirchenbaus handelt – weder der Staat noch das wieder entstehende Land Sachsen noch die evangelische Landeskirche als Eigentümerin des Grundstücks wurden initiativ (zumal es angesichts der fortgeschrittenen Entkonfessionalisierung in Dresden überhaupt keinen neuen Kirchenbedarf gab). Nichts weiter als eine Dresdner Bürgerinitiative (aus Pfarrern, Denkmalschützern, prominenten Musikern etc.) ist mit einem »Ruf aus Dresden« Anfang 1990 hervorgetreten, um weltweit für die ideelle und finanzielle Unterstützung eines Wiederaufbaus des im Februar 1945 zerstörten, als Trümmerruine harrenden ehemaligen Baukörpers zu werben. Das hat zu der Gründung einer »Gesellschaft zur Förderung des Wiederaufbaus der Frauenkirche in Deutschland e. V.« – der Überlieferung nach die erste Vereinsgründung in der neuen *civil society* – geführt, zur Grundsteinlegung 1994 und zur Fertigstellung 2004.

Auch hier gab es überhaupt keinen Konsens – weder in Dresden noch darüber hinaus. Anfangs waren nur etwa zehn Prozent der Stadtbevölkerung für den Wiederaufbau. Es gab einen erbitterten Streit auf mehreren Ebenen, einerseits zwischen den Befürwortern des Mahnmals (also des eigentlich zu schützenden »Denkmals«) und den Unterstützern der Wiederherstellung eines intakten Baukörpers. Immerhin hatte die Ruine über Jahre am 13. Februar die Funktion des stillen Gedenkens an verlorene Angehörige, dann aber auch als pazifistische Mahnung in der sozialistischen Gesellschaft übernommen.

Die eigentliche Auseinandersetzung war aber die zwischen der in den Überresten des »Alten Dresden« (Fritz Löffler) verkörperten okzidentalen

Stadt und der – sozialistischen – Stadtmoderne (Hans-Peter Lühr).[1] Vom Anschauungsgehalt her war Dresden 1989 durchaus das imponierende Resultat einer modernen sozialistischen Großstadt, die zum Beispiel im spektakulären Ensemble der Prager Straße internationale Bauhausmoderne im großen Stil darbot – abgesehen von den das Stadtbild umgebenden, sich in es hineinschiebenden Hochhaussiedlungen.

Wie in vielen deutschen Städten hatte sich in Dresden der Streit zwischen den vom Denkmalschutz gestützten Befürwortern des alten Stadtkerns und den Corbusier-Avantgardisten der Moderne abgespielt, die die Chance der Zerstörung und großzügigen Trümmerberäumung für eine den modernen Lebensanforderungen gemäße Stadtgestalt nutzen wollten. Vermutlich nirgends wurde der Kampf über Jahrzehnte so verbissen geführt wie in Dresden, und zwar zwischen Fritz Löffler als Verkörperung des Dresdner Restbürgertums (dem Uwe Tellkamp in *Der Turm* das literarische Denkmal setzte) und dem langjährigen Oberbürgermeister Walter Weidauer als Promoter des sozialistischen Moderneprojekts. Wo der im Denkmalschutzamt wirkende Löffler mit seinem enorm erfolgreichen Buch *Das alte Dresden* (1955) minutiös die Bestände im kollektiven Gedächtnis bewahrte und immer erneut die Erhaltung dieser noch vorhandenen Bestände bürgerlicher Vergesellschaftung praktisch anmahnte, wollte Weidauer durch großflächige Trümmerberäumung die Voraussetzungen einer sozialistischen Stadtmoderne erreichen. »Das sozialistische Dresden braucht weder Kirchen noch Barockfassaden« (Weidauer).

Erst vor diesem Hintergrund sieht man die Tragweite der Dresdner Rekonstruktionsinitiative Anfang der neunziger Jahre. Es handelte sich ja nicht nur um die Rekonstruktion eines einzelnen (Kirchen)Gebäudes, der Schub der Initiative führte vielmehr zum städtischen Beschluss, eine Vielzahl von Quartieren um den Kirchenbau in einem historisch informierten Stil wiederzuerrichten, alte Straßenführungen wieder aufleben zu lassen. Dieser seit nun zwei Jahrzehnten sich hinziehende Stadtrekonstruktionsprozess ist es, der deutschland- und europaweit die Aufmerksamkeit der in die Stadt strömenden Gäste gefunden hat – und Nachahmer bundesweit.

Sicher hat es bereits nach 1945 in deutschen Städten Weggabelungen entweder zur »Rekonstruktion« (Münster) oder zur modernen Großstadt (Hannover) gegeben, auch in den achtziger Jahren in kleineren Städten (Hildesheim) neue historische Rekonstruktionen unter Beseitigung von modernen Bauten. Aber dass mitten in großen Städten Bauten der Moderne

---

1 Hans-Peter Lühr, *Dresdner Hefte, 28. Wiederaufbau und Dogma. Dresden in den fünfziger Jahren.* Kulturakademie Dresden 1991.

abgerissen wurden, um zentrale Teile der historischen Ensembles zu rekonstruieren, hat erst nach 1989 eingesetzt – eben mit Dresden. Der umstrittene Entschluss zum Wiederaufbau des Berliner Schlosses, ebenfalls als ordnendes Zentrum einer alt-neuen Stadtmitte, aber auch die Entscheidung der Stadt Frankfurt am Main, eine historisch-rekonstruktive Selbstkorrektur (zulasten massiver Baumoderne mitten im Zentrum: Technisches Rathaus) vorzunehmen, wären ohne die Dresdner Frauenkirchen-Bürgerbewegung nicht möglich gewesen.

Mit dem tiefen, durch Parteien, Schulen, Freundeskreise, Beziehungen gehenden Riss der Dresdner Stadtgesellschaft, dem lebhaft ausgefochtenen innerstädtischen Streit um die architekturhistorische Rekonstruktion hat Dresden eine Funktion für eine gesamtgesellschaftliche Debatte übernommen: Ob die soziale Bewegung des »Rekonstruktivismus« ein furchtsames nostalgisches Ausweichen vor den Herausforderungen und Formpotentialen der Moderne ist *oder* ein Signal, dass die europäischen Städte sich mitten in der dynamischen Moderne über ihr Ursprungsantlitz als okzidentale Städte zurückbeugen und durch behutsame, eventuell korrigierende Bebauung Sichtachsen zu früheren Stadtgenerationen einrichten, das bleibt immer erneut Verhandlungssache ihrer Bürger.

Dresden und der 13. Februar 1945

Seit 1998 hat sich in der Dresdner Stadtgesellschaft ein neuer gravierender Streit entwickelt – diesmal um die Form und Tendenz des Gedenkens an die Zerstörung der Stadt im Februar 1945, ein Streit, der zwischen 2000 und 2010 in der bundesdeutschen Öffentlichkeit eskaliert ist. Das traumatische Ereignis einer Flächenbombardierung haben Hunderte von deutschen Städten zwischen 1940 und 1945 erfahren; kleinere Städte wie Pforzheim, Würzburg und Hildesheim und große Städte wie Hamburg, Köln, Berlin, Hannover – und zuvor von den Nazis angegriffene europäische Städte (Coventry, Warschau, Rotterdam).

Aber von Beginn an hat Dresden nach dem Krieg eine stellvertretende narrative und mythisierende Funktion für die kollektive Erinnerung übernommen. Zum Symbol des Bombenkriegs schlechthin wurde die Stadt wahrscheinlich auch, weil es sich um eine einzige, prägnante Angriffsserie amerikanischer und englischer Bomberverbände an nur zwei Tagen handelte, die relativ spät, kurz vor dem absehbaren Kriegsende, erfolgte und Opfer in einer erheblichen Größenordnung mit sich brachte (auch wenn zum Beispiel Hamburg mehr Tote zählte oder Pforzheim mit 18 000 von 60 000 Einwohnern proportional stärker betroffen war). Vor allem aber wohl wegen der Fallhöhe: Aus einer der »schönsten Städte« Europas wurde eine innere Stadtwüste. Wegen der schlagartigen Zerstörung am 13./14. Februar bot sich seit 1946 in Dresden *ein* jährlicher Gedenktag an, der bereits in der DDR einen Formwandel erfuhr – von der Form des »stillen Gedenkens« der Angehörigen an die Toten (mit Glockengeläut) vor allem an der Ruine der Frauenkirche bis hin zur rituellen Verankerung der Friedensbewegung an diesem Tag seit 1982.

Ermöglicht durch den Umbruch von 1989/90 ist es 1998 zu einer Eskalation des Andenkens an die Stadtzerstörung gekommen, als lokale und überlokale rechtsextreme Gruppierungen in ihren rituellen nächtlichen »Trauermärschen« die Hoheit über die Deutung des alliierten Luftkriegs als eines singulären »Verbrechens« zu erringen suchten. Ein Prozess setzte ein, in dem zunächst die nun traditionalen Praktiken des »offiziellen« stillen (auch individuellen) Gedenkens und die 2005 bis auf 6500 Teilnehmer anschwellenden forcierten Naziaufmärsche parallel liefen, dann Letztere durch Gegendemonstrationen (»Bündnis Nazifrei«) blockiert wurden, bis schließlich das ganze Gedenken die Stadt in einen polizeibewehrten Spannungszustand zwischen Lagern mit deutschlandweiter Öffentlichkeit verwandelt hatte.

Eine dadurch ausgelöste vertiefende ideelle Auseinandersetzung des Stadtgedächtnisses mit Dresdens realer Partizipation an nationalsozialistischer Herrschaft führte zu einer Neueinschätzung der erlittenen Stadtzerstörung und schließlich zu einer neuen rituellen Form des Gedenkens – in der Gestalt einer seit 2010 von Tausenden von Dresdnern gebildeten Menschenkette um die innere Altstadt, die gleichzeitig die bürgerschaftliche Verantwortung für die komplexe Geschichte Dresdens wie eine Abwehrgeste gegen den rechtsextremen Zugriffsversuch signalisieren sollte.

Die Form des angemessenen Gedenkens war in der Dresdner Stadtgesellschaft schon lange extrem umstritten. Der Auftritt des Briten David Irving, der bereits in den 1960er Jahren mit seiner Darstellung *Der Untergang Dresdens* als Sachbuchhistoriker bekannt geworden war, am 13. Februar 1990 verstärkte die bereits zu Zeiten der DDR kursierende Version: Der Luftangriff auf Dresden sei die »sinnlose Zerstörung einer der schönsten Städte Deutschlands durch amerikanische Bomber« gewesen (so Pieck) und grenze an einen alliierten »Völkermord« (so Irving). Der indirekte Gegenakzent zur Dresdner Selbstgewissheit, dass hier eine eigentlich »unschuldige« Kulturstadt Opfer eines »Terrorangriffs« (so bereits die Losung aus Goebbels' Propagandaministerium) geworden sei, erfolgte Mitte der neunziger Jahre durch die Veröffentlichung der Tagebücher Victor Klemperers, besorgt durch dessen in Dresden lebende zweite Frau.

Die von 1933 bis 1945 geführten Tagebücher berichteten minutiös und beklemmend über die sich in Dresden vollziehende schrittweise Ausgrenzung und Repression eines deutschen Juden und kulminierten in der schlichten Feststellung, dass nur durch den schrecklichen Angriff die verbliebenen, bereits mit dem Stern markierten und zum Abtransport bestellten Dresdner Juden eine Chance zum Untertauchen und Überleben hatten: »Die Bomben fielen, die Häuser stürzten, die brennenden Balken krachten auf arische und nichtarische Köpfe, und derselbe Feuersturm riss Jud und Christ in den Tod; wen er aber von den etwa 70 Sternträgern diese Nacht verschonte, dem bedeutete sie Errettung, denn im allgemeinen Chaos konnte er der Gestapo entkommen.« Die Klemperer-Tagebücher waren in Dresden der entscheidende Anstoß, sich der Rolle der Stadt und ihrer Bewohner im »Dritten Reich« historisch genau zuzuwenden. Schritt um Schritt kamen historische Fakten ans Licht: Dresden war mit frühzeitiger Bücherverbrennung (1933) und der Ausstellung »Entartete Kunst« (1938) nicht nur maßgeblich an der Nazikulturpolitik beteiligt, sondern als bedeutender Militärstützpunkt, Industriestandort und Verkehrsknotenpunkt eine für die Kriegsführung bis in die Endphase wichtige Stadt. Die Aufmerksamkeit verschob sich merklich zu den deutschen Tätern in Dresden, das am 13./14. Februar Opfer geworden war.

Andere zerstörte Städte, anders akzentuiertes Gedenken. Aber rückblickend kann man auch hier von einer Stellvertretungsfunktion Dresdens für die gesamtdeutsche Erinnerung sprechen. Mehr als 15 Jahre lang kam es in Dresden zu einem lokalen Kampf um die Erinnerung an die Diktatur- und Kriegszeit. Die Tradition des Gedenkens wurde jedes Jahr wie in keiner anderen deutschen und europäischen Stadt erneut am 13. Februar zu einem Streit auf der Straße, der die ganze Stadt bewegte. Eine deutschlandweite Dimension erreichte die Auseinandersetzung 2002 durch das Buch *Der Brand*, in dem der Historiker Jörg Friedrich die Folgen des alliierten Luftkriegs gegen die Städte Nazideutschlands minutiös und anschaulich dokumentierte und damit eine erneute nationale Auseinandersetzung auslöste. Dresden hat durch die Einbeziehung von überlokalen Historikern und bundesweiter Ausstrahlung des gleichsam jährlichen Stands der Auseinandersetzung eine stellvertretende Funktion für alle deutschen Städte übernommen.

Das belegt vor allem der zweiteilige Fernsehfilm *Dresden – das Inferno* (2006), in dem historisch differenziert die Luftangriffe auf Dresden in eine perspektivenreiche Fiktion eingebettet werden – es ist *der* Spielfilm über den »Brand« in Deutschland. Diese repräsentative Funktion dokumentiert sich auch in Yadegar Aisisis 2015 fertiggestelltem großen Panoramabild des Tags danach, des 15. Februar 1945, das in seiner präzisen Darstellung einer im Zentrum destruierten Stadt einzigartig ist. Diese stellvertretende Funktion Dresdens wurde sichtbar schließlich 2012, auf dem Höhepunkt der Symbolisierungskontroverse, in dem von der deutsch-italienischen Soziologin Barbara Lubich veröffentlichten Film *Come together. Dresden und der 13. Februar*, der unter Einbeziehung historischer Aufnahmen, der Dokumentation kontroverser Formen des Erinnerns und vor allem in den Interviews mit Vertretern unterschiedlichster Positionen der Komplexität des Erinnerns gerecht zu werden versucht.

Die »Patriotischen Europäer« und das »bunte Dresden«

Im Oktober 2014 manifestiert sich öffentlich eine Randerscheinung mitten im Zentrum Dresdens – eine jeweils montags diszipliniert auftretende Kundgebung von Demonstranten, die gegen die »Islamisierung des Abendlandes« eine europäische Identitätspolitik fordern. Kamen bei der ersten Demonstration einige Hundert, so bereits vier Wochen später einige Tausend. Mitte Dezember versammelten sich 15 000 Leute zum da bereits rituellen »Abendspaziergang«. Pegida wurde zum Ereignis – für die wiederkehrenden und die neu hinzuströmenden Teilnehmer, die sich als das ganz »normale Volk« verstanden, auch aus dem Dresdner Umkreis kamen (und von weiter weg) und die (für sie selbst vermutlich oft ungewohnte) politische Beteiligung durchaus mit dem traditionellen Besuch der Dresdner Weihnachtsmärkte verbanden; ein sperriges Ereignis aber auch für die lokalen Medien, die – bei aller bewährten Sensibilität für »rechtsextreme« Optionen – gerade dieses Phänomen nicht leicht zu rubrizieren und bewerten wussten.

In dreifacher Hinsicht entspringt die Dresdner Pegida-Bewegung einer Verschränkung von modern-medialer und gleichsam archaisch-lokaler Kommunikation: Erstens organisierten und kommunizierten die ortsgebundenen Aktivisten ihren Protest zunächst im sozialen Medium einer Facebook-Gruppe und strebten dann im entscheidenden Schritt auf die Straße – auf die konkrete Bühne der Dresdner Innenstadt, um sich selbst zu sehen und gesehen zu werden. Zweitens ist der auslösende Proteststoff selbst medial überlokal vermittelt gewesen: Die Wahrnehmung der als verstörend aufgefassten innerislamischen Glaubens- und Stellvertreterauseinandersetzungen, die ferne Kämpfe in Syrien und Irak betrafen, in deutschen Städten (auch in Dresden) – sie wurde vor Ort von der Aktivistengruppe in Dresden zu einem deutschlandweiten, ja europäischen Relevanzthema stilisiert. Und drittens kam es – das scheint unbestritten – zu dem aufsehenerregenden Anschwellen der Teilnehmerzahlen bei den Demonstrationsritualen wegen einer von der Mehrheit der Beteiligten als schräg empfundenen medialen Berichterstattung über den Habitus der beteiligten Personen und ihre Motive in den von ihnen abonnierten Gazetten.

Die soziale Bewegung wurde offensichtlich erst (vorübergehend) stark durch die bisher oder lange Stilleren im Lande, die diesen Anlass nutzten, um ihr aufgestautes Unbehagen mit der Politik, den Medien, auch der Kirche auszudrücken. Die konkrete Erfahrung, die schließlich den Protest nährte, war nicht etwa der Islam in Dresden (der eigentlich nur in »blasphemischer« Gestalt einer um die vorletzte Jahrhundertwende gebauten profanen »Tabakmoschee«, also einer als Moschee gebauten Tabakfabrik im Stadtbild präsent ist), sondern durch die eben auch in Sachsen, Dresden und vielen kleineren Orten verordnete Ansiedlung einer wachsenden Zahl von Asylsuchenden.

Das Faktum des Auftretens der »Patriotischen Europäer« und ihre islam-, asyl-, auch genderskeptischen »Anliegen« waren und sind in Dresden – wie bereits bei den drei zuvor geschilderten Konfliktkonvulsionen – extrem umstritten. In der affektiven Dimension treffen – wie bei den anderen Dresdner Vorkommnissen – Stolz und Scham aufeinander. Stolz der Initiatoren ob ihres riskanten öffentlichen Schritts, auch der sich hinzugesellenden Teilnehmer ob des Muts, in eine gewagte, spontan geöffnete Öffentlichkeit getreten zu sein, an einer trotz des stürmischen Widerstands zivilen Manifestation partizipiert zu haben – und auf der anderen Seite tiefe, beklommene Scham der sich zu »No-Pegida« formierenden Demonstranten darüber, mit solchen Mitbürgern in einer Kommune zu hausen – eine Scham, die sich nun wiederum in vielfältigsten, kreativen, mit Verve organisierten und im öffentlichen Raum druckvollen Initiativen für ein »buntes Dresden« gewitzt manifestiert.

An diesen dezidierten Gegeninitiativen für ein weltoffenes Dresden waren führende Stadt- und Landespolitiker samt ihrer Einflussmöglichkeiten beteiligt, vor allem die Universität und ihre organisierten Studenten; dabei auch überlokale Reserven toleranter, renommierter Musiker rekrutierend (Herbert Grönemeyer, Roland Kaiser etc.). Eine Spaltung der Stadtgesellschaft auch in dieser Hinsicht ist unübersehbar: Stehen auf der einen Seite die Pegidisten, die ihrer Auffassung nach eine sprichwörtliche sächsische »Helle« als Legitimität in Anschlag bringen, dank derer sie gesamtdeutsche und europäische Gefährdungen frühzeitig erkannt haben wollen, so formieren sich auf der anderen Seite diejenigen Stadtbewohner, die für sich und die Stadt insgesamt eine Lebensführung auf der Höhe der Globalisierungsrealität in weltoffener Haltung beanspruchen. Überlagert ist das Pegida-

Phänomen mit dem 2014 relativ überraschenden sächsischen Wahlerfolg der bundesweit antretenden »Alternative für Deutschland«, für die Frauke Petry als erste Politikerin den offiziellen Austausch mit der Bewegung behutsam suchte und organisierte.

Unübersehbar gehören zum dramatischen Stadtkonflikt seit Anfang 2015 die Mediationsunternehmungen, die – unter äußerst kritischer Beobachtung – von der Landeszentrale für politische Bildung (Frank Richter) und der Staatskanzlei organisierten sogenannten Bürgerforen entlang bewährter Mediationsformate (»fish bowl« etc.), die den Anhängern der Pegida-Bewegung funktionierende Diskursorte mit zur Differenzierung zwingender Artikulation statt Demonstrationsorte mit massiver Optik (Fahnenschwenken) und Akustik (»Wir sind das Volk«) anbieten – das fand sogar die Beachtung des SPD-Vorsitzenden, der »als Privatmann« vor Ort war.

Die enorme Wahrnehmung und Diskussion des Dresdner Pegida-Phänomens signalisiert, dass die auch aus dem Umland sich rekrutierende Stadtgesellschaft wiederum eine gesamtgesellschaftliche Funktion übernommen hat – mit offenem Ausgang. Ist ausgerechnet das Pegida-Phänomen in Dresden eine ferne, aber eben medial unheimlich nahe Gegenreaktion auf das zeitgleiche Phänomen eines im und vom Vorderen Orient ausgreifend auftretenden, symbolisch auch auf Europa gerichteten »Islamischen Staates«?

Für spätere Historiker könnte sich eine Konstellation der Zehnerjahre des 21. Jahrhunderts holzschnittartig so fassen lassen. Auffällig ist, dass alle von dieser Art der sozialen Bewegung überrascht scheinen – die Initiatoren selbst, die hypersensiblen Medien, die Politiker des Establishments, die sich hinzugesellenden Teilnehmer –, auch die intellektuellen Beobachter der sogenannten Politik- und Parteiverdrossenheit, die einen substantiellen Protest eher von links als von eher rechts erwarten. Die reflexartige sozioökonomistische Vermutung, es handele sich bei den Pegida-Teilnehmern um die bildungs- und berufsmäßig »sozial Abgehängten«, scheint bei genauerem Nachfragen nicht aufzugehen.[2] Stecken künftige Konfliktlinien zwischen areligiöser Lebensführung (Marginalisierung des Christentums in der ehemaligen DDR) und einer vitalen religiösen Lebensführung (im

---

2   Vgl. die Untersuchungen von Hans Vorländer, *Wer geht zu PEGIDA und warum? Dresden 2015* (http://tu-dresden.de/die_tu_dresden/fakultaeten/philosophische_fakultaet/ifpw/poltheo/mitarbeiter/vorlaender_herold_schaeller_peg); Lars Geiges/Stine Marg/Franz Walter, *Pegida. Die schmutzige Seite der Zivilgesellschaft?* Bielefeld: transcript 2015.

Islam) dahinter?³ Etwas »Imaginäres« scheint im Spiel zu sein, das von den gewohnten symbolischen Diskursen nur schwer rubriziert und diszipliniert werden kann. Oder handelt es sich bei dem Dresdner Protestphänomen von 2014/2015 um eine für Deutschland nachgeholte Normalisierung einer europäischen Protestform, die Füllung einer typisch deutschen »Repräsentationslücke« (Patzelt) – wie sie in Frankreich, Italien, Dänemark, England, Schweiz längst erfolgt ist?

Fazit

Der Beitrag konzentriert sich auf Deskription, *inwiefern* Dresden Initiativpunkt verschiedenster Debatten wurde und wird – er enthält sich bewusst der Explikation, *warum* Dresden? Warum war gerade Dresden – wenn es denn Funktionen für gesamtgesellschaftliche Debatten der letzten 25 Jahre bis heute übernommen hat – dafür disponiert? Aus welcher geschichtlichen Eigenlogik der Stadt haben sich gerade in Dresden in relativ kurzen Abständen diese Initiativen gesellschaftlicher Konfliktkonvulsionen spontan gebildet? Nicht nur angesichts des Pegida-Phänomens werden die latenten Dresden-Ressentiments rasch aktiv – dass es eine zu schöne, eine zu sehr in sich selbst verliebte, eine in sich verkapselte Stadt sei (Grünbein). Die Erklärung ist nicht einfach, aber sicher wird man für die historische Eigendynamik und -logik dieser Stadt eine je gegenwärtige Verschränkung von beschworener Vergangenheitspräsenz und findiger Zukunftszugewandtheit (immerhin ist Dresden seit 2008 kontinuierlich »Geburtenhauptstadt« unter den deutschen Großstädten) in Betracht ziehen müssen, von selbstberauschtem Schönheitssinn und technologisch-cleverer Raffinesse (Mikrochipindustrie) – kurz von atmosphärischer Romantik und aufklärerischer »Tages-Helle«.⁴

Statt angesichts des Pegida-Phänomens panisch zu erschrecken, mag es vielleicht fürs Erste für die Stadtfans und Stadtskeptiker genügen, stadt- und gesellschaftsgeschichtliche Distanz zu gewinnen: Bereits vor dieser plötz-

---

3   Joachim Klose / Werner J. Patzelt, *Die Ursachen des Pegida-Phänomens*. In: FAZ vom 11. Mai 2015.
4   Inwiefern im »Dresdner Brückenstreit« (1995–2009) um den Bau der Waldschlösschenbrücke über die Elbe, der zur spektakulären Aberkennung des Weltkulturerbe-Titels führte, eine weitere bundesrepublikanische Stellvertretungsdebatte stecken könnte, sei hier nur angedeutet: diesmal offensichtlich der Konflikt zwischen der infrastrukturellen Fortschrittsmoderne (mit einer Mehrheit in der Dresdner Stadtgesellschaft) und dem ökoästhetischen Konservatismus der erbitterten Brückengegner.

lichen Demonstrationsemergenz 2014/2015 ist Dresden in mindestens drei weiteren Debatten Initiativpunkt gesamtgesellschaftlich tief irritierenden und zugleich äußerst relevanten und folgenreichen Zanks gewesen, der jeweils eine gesamtdeutsche, ja eventuell europäische Funktion hatte und hat. Dresden ist – zumindest seit 1989 – ganz offensichtlich ein Merkposten, ein ausstrahlender Aufmerksamkeitsposten der deutschen *civil society*.

Jan-Werner Müller
Populismus: Theorie und Praxis

Populisten, wohin das Auge in Europa blickt: In Griechenland dilettieren sowohl sogenannte Links- wie Rechtspopulisten an der Regierung; in Spanien sind sie auf dem Vormarsch und drohen das seit dem Ende des Franco-Regimes bestehende Parteiensystem zu zertrümmern; in Deutschland und Großbritannien erleben allgemein als »rechtspopulistisch« bezeichnete Parteien zwar derzeit einen Dämpfer, aber da ist immer noch der Front National, der vielen Prognosen zufolge bei den nächsten französischen Präsidentschaftswahlen gute Aussichten hat – und der, so oder so, bereits jetzt erheblichen politischen Einfluss ausübt: Nicolas Sarkozy erfindet sich derzeit neu als eine Art »Le Pen Lite«. Kein Wunder, dass der damalige Präsident des Europäischen Rats, Herman Van Rompuy, bereits 2010 warnte: »Das große Problem in Europa heute ist der Populismus.« Nur: Worin genau besteht eigentlich das Problem? Und was ist überhaupt Populismus? Sind wirklich alle eingangs erwähnten politischen Akteure Populisten? Wenn politische Urteilskraft, frei nach Hannah Arendt, vor allem darin besteht, unterscheiden zu können, ist es vielleicht nicht gut um die Urteilsfähigkeit in Europa bestellt, wenn umstandslos alles von NPD und Goldener Morgenröte bis Grillo und Podemos in einen Topf geworfen wird.

Vor allem liberale Beobachter machen es sich zu einfach, wenn sie Populismus anhand scheinbar eindeutiger empirischer Kriterien dingfest machen wollen. Besonders beliebt ist die Vorstellung, Populisten ließen sich ohne weiteres an ihren Wählern erkennen, und diese wiederum wiesen ein untrügliches sozialpsychologisches Profil auf: Die Unterstützer populistischer Parteien, so heißt es gebetsmühlenhaft, seien von »Ressentiments« und »Ängsten« vor sozialem Abstieg getrieben. Dabei stellt sich ein weiterer Gedanke fast automatisch ein: Bei populistischen Politikern handele es sich stets um große Vereinfacher, die den verunsicherten Massen simple Versprechungen machten oder gar so etwas wie Erlösung von allen Alltagssorgen durch politische Willensakte propagierten. Populisten, so die Kernthese, machten stets unterkomplexe, unverantwortliche, wenn nicht gar gleich unlautere Politikangebote. Der Populismus sei einfach, so Ralf Dahrendorf einmal, die Demokratie jedoch komplex.

Diese Diagnose ist allerdings selber nicht sonderlich komplex. Man muss nicht zum Politrelativisten werden und die Existenz einer Trennlinie zwischen verantwortlicher und unverantwortlicher Politik leugnen, um doch festzustellen, dass diese Trennlinie nicht immer sehr eindeutig verläuft. Der Populismusvorwurf ist da schnell bei der Hand, um missliebige Kritik beispielsweise an Euro-Rettungsmaßnahmen zu diskreditieren. Für Politiker ist es dann auch viel bequemer, auf die Argumente von einmal als Populisten oder als »Anti-Europäern« abgestempelten Akteuren gar nicht erst einzugehen. Eine besondere Versuchung besteht darin, die politische Herausforderung von vermeintlichen Populisten sofort als eine Art kollektiven Therapiefall zu behandeln: Natürlich müsse man die Ängste »der Leute« ernst nehmen – aber was sie sagen, ist immer nur als Symptom von irgendwelchen Sozialpathologien zu deuten, nicht als vielleicht bedenkenswerte Systemkritik. Wer genau hinhört, kann hier vielleicht noch ein Echo vernehmen von alten, vordemokratischen Vorurteilen über »Pöbelherrschaft« oder emotionalisierte, zum Selberdenken prinzipiell unfähige »Massen«.

Diese vermeintlich fürsorgliche, aber de facto immer herablassende Art liberaler Eliten kann jedoch echten Populisten nur weiteren Zulauf bringen. Denn sie bestätigt ja gerade, dass »die Leute« eben als mündige Bürger nicht ernst genommen werden. Noch bedenklicher: Für Kritiker von Maßnahmen wie der Euro-Rettungspolitik – bei denen es sich häufig gar nicht um Populisten handelt – legt diese Abwehrreaktion der Eliten die Vermutung nahe, dass demokratische Systeme nicht mehr zur Selbstkorrektur fähig sind. Demokratien bilden sich ja etwas darauf ein, dass sie zwar oft langsamer auf Probleme reagieren als Autokratien und vielleicht sogar mehr Fehler machen – aber, anders als autoritäre Systeme, eben Fehler zugeben und aus ihnen lernen können. Wenn Kritik jedoch immer gleich als »populistisch« gilt, beraubt sich die Demokratie ihres eigenen Lernstoffs. Kein Wunder, dass manche Gegner von spezifischen politischen Entscheidungen ihre Kritik dann ein paar Stufen höher fahren und sich im Gebrauch der bei Linken handelsüblichen Slogans von »Postdemokratie« und »Oligarchie« gerechtfertigt sehen.

Theorie ...

Was aber ist nun Populismus, und wo verläuft die Trennlinie zwischen Populismus und anderen politischen Phänomenen? Populismus ist schlicht keine Gefühlssache und lässt sich auch nicht an der Qualität von *policy*-Angeboten messen. Populismus, so meine These, ist eine ganz bestimmte Politikvorstellung, wonach einem moralisch reinen, homogenen Volk stets unmoralische, korrupte und parasitäre Eliten gegenübergesetzt werden – wobei diese Art von Eliten eigentlich gar nicht richtig zum Volk gehören. In der Vorstellungswelt spezifisch von Rechtspopulisten gehen die Eliten zudem eine unheilige Allianz mit parasitären Unterschichten ein, die ebenso nicht dem wahren Volk zuzurechnen sind. Ein Beispiel sind die Roma in Osteuropa, die von postkommunistischen, proeuropäischen Eliten unterstützt werden; oder die Tatsache, dass die linken Ost- und Westküsteneliten in den Vereinigten Staaten sich stets für die schwarze Bürgerrechtsbewegung einsetzten (eine Allianz, die im Harvard-Absolventen Obama ihre buchstäbliche Verkörperung gefunden hat).

Die Kritik an Eliten ist jedoch nur eine notwendige, keine hinreichende Eigenschaft populistischer Rhetorik (solange Populisten in der Opposition sind). Hinzukommen muss noch ein dezidiert moralischer Anspruch, dass einzig die Populisten das wahre Volk verträten; alle anderen vermeintlichen Repräsentanten der Bürger seien auf die eine oder andere Art illegitim. Populismus ist also nicht nur antielitär, er ist auch antipluralistisch. Wenn dem nicht so wäre, müsste an jeglicher Kritik an Eliten automatisch der Populismusvorwurf haften; es ist aber erst der moralische Alleinvertretungsanspruch, der Populisten wirklich zu Populisten – und deren Verhältnis zur Demokratie so problematisch macht.

Populisten sind nämlich kein, wie es oft heißt, nützliches »Korrektiv« einer Demokratie, die zu viel Abstand zum gemeinen Volk hält. Insbesondere Theoretiker auf der Linken meinen, das Verhältnis zwischen Demokratie und Liberalismus oder Rechtsstaat sei aus der Balance geraten, und Populisten könnten die demokratische Seite wieder stärken. Doch beruht diese fromme demokratietheoretische Hoffnung auf einem grundlegenden Missverständnis. Populisten interessieren sich gar nicht für die Partizipation der Bürger an sich; ihre Kritik gilt nicht dem Prinzip der politischen Repräsentation als solchem, sondern den amtierenden Repräsentanten, die das Volk angeblich gar nicht verträten.

Oder, drastischer und mit einem bei Pegida-Veranstaltungen populären Slogan gesagt: Die derzeitigen Volksvertreter sind eigentlich »Volksverräter«. Wenn Populisten ein Referendum fordern, dann nicht, weil sie einen offenen Diskussionsprozess unter den Wählern auslösen wollen, sondern weil die Bürger bitteschön bestätigen sollen, was die Populisten immer bereits als den wahren Volkswillen erkannt haben (der halt von den illegitimen, im Zweifelsfall am Eigennutz orientierten Eliten perfiderweise nicht umgesetzt wird).

Dies erklärt die eigenartig passive Rolle, die das Volk bei Populisten spielt. Es geht darum, den Volkswillen im Sinne eines imperativen Mandats getreu umzusetzen – aber da das Volk nicht wirklich kohärent mit einer Stimme sprechen kann, präsentiert sich der populistische Politiker als schlichtes Sprachrohr (und verschleiert dabei seine Rolle als immer auch anfechtbarer Interpret von Ideen und Interessen der Bürger).[1] »Er denkt, was Wien denkt« plakatierte die österreichische FPÖ einmal über ihren Spitzenkandidaten Heinz-Christian Strache. Mit anderen Worten, der Repräsentant bildet in der populistischen politischen Theorie eigentlich nur ab – ganz anders als beim Repräsentationsverständnis von Linken, Liberalen und Konservativen (man denke an Edmund Burke), die von Repräsentanten den Gebrauch ihrer eigenen Urteilskraft erwarten. Zumindest in dieser Hinsicht findet sich bei den Populisten der Widerhall des vormodernen Repräsentationsverständnisses einer Ständegesellschaft: Die Vertreter von Körperschaften wie Adel, Klerus oder eben auch »gemeines Volk« artikulieren mehr oder weniger feststehende Interessen; eines dynamischen und deshalb auch immer unvorhersehbaren politischen Prozesses bedarf es nicht. Es reicht (vermeintlich) zu wissen: »ER will, was WIR wollen« – so ein weiterer Strache-Slogan.

Auf irgendeine Weise muss der Populist dann allerdings auch erklären, wie die politische Wirklichkeit – in der seine populistische Partei eben keine überwältigenden Mehrheiten erzielt – dem moralischen Alleinvolksvertretungsanspruch zu widersprechen scheint. Dafür gibt es zwei Strategien: Im Zweifelsfall appellieren Populisten an ein Volk »da draußen«, das sich nicht mittels Wahlen oder anderer demokratischer Verfahren artikulieren kann. Noch fast jeder Populist hat Richard Nixons berühmt-berüchtigten Ausspruch von der »schweigenden Mehrheit« bemüht (denn wenn die Mehrheit nicht schwiege, wäre der Populist ja bereits an der Macht).

Der Rechtstheoretiker Hans Kelsen hat in diesem Zusammenhang von einer »metapolitischen Illusion« gesprochen – einer Fiktion von »Volk«, das die Feinde der Demokratie immer gegen Parlamente und andere Institutionen ausspielen können, ohne gleich antidemokratisch zu klingen. Das

---

1 Diese Vorstellung eines imperativen Mandats erklärt auch, warum Populisten so gern »Verträge« mit dem Volk abschließen – wie beispielsweise bei der schweizerischen SVP. Dann ist Politik nur noch Vertragserfüllung.

Volk in seiner Gesamtheit lässt sich jedoch nie darstellen; ja es ist gar nicht empirisch auffindbar, denn jede Minute sterben Bürger und neue werden geboren. Die Versuchung ist trotzdem groß, ob aufgrund von metapolitischen Illusionen oder machtpolitischem Realismus, die Behauptung aufzustellen, man kenne das Volk in Gänze (Robespierre beispielsweise, in dieser Hinsicht ganz der Herrschaftslogik der französischen Könige folgend, rief einmal aus, er sei das Volk – so einfach kann's gehen). Demokraten müssen aber schlicht akzeptieren, dass das Volk als solches sich nicht fassen lässt – und dass es gerade diese Unsicherheit und Offenheit ist, die Demokratie von Monarchie (in der der König das Königreich restlos repräsentiert) oder Totalitarismus (hier gilt: Hitler ist das deutsche Volk; Stalin repräsentiert den Kommunismus restlos) unterscheidet.

Dies soll nicht heißen, dass einzig gewählte Berufspolitiker Anspruch auf Repräsentativität erheben dürfen. Denn letztlich würde aus einem völlig auf staatliche Institutionen verengten Politikverständnis folgen, dass beispielsweise Bürger, die gegen eine Regierung demonstrieren möchten, doch gleich zu Hause bleiben sollen – schließlich seien sie ja nichts weiter als eine »kleine radikale Minderheit« (ein Ausdruck, mit dem die westdeutsche Studentenbewegung oft abgekanzelt wurde). Nur besteht ein Unterschied zwischen der Kritik an amtierenden Politikern und ihren Plänen auf der einen Seite – und dem Versuch, gewählten Volksvertretern im Namen einer fiktiven Totalität jegliche Legitimität abzusprechen. Weil Populisten Letzteres tun, ziehen sie mit den von ihnen moralisch diffamierten Mainstreampolitikern auch immer gleich die Prozeduren in Zweifel, die diese Politiker an die Macht gebracht haben. Irgendetwas, so der Grundgedanke der Populisten, könne mit unserer real existierenden Demokratie doch nicht stimmen, wenn sie die Mehrheit zum Schweigen verdamme. Hier zeigt sich einmal mehr: Man will gar nicht am Prinzip der politischen Repräsentation an sich rütteln, sondern Verfahren in Frage stellen, die die falschen Repräsentanten hervorbringen. Da ist es dann häufig nur noch ein Schritt hin zu den Verschwörungstheorien (Stichwort »Lügenpresse«), die immer wieder bei Populisten auftauchen – was den amerikanischen Historiker Richard Hofstadter einmal zu der Beobachtung veranlasste, Populisten pflegten stets einen »paranoiden politischen Stil«.

In einer halbwegs funktionierenden Demokratie ist der Anspruch von Demonstranten »Wir sind das Volk« immer populistisch – während der Appell »Wir sind *auch* das Volk« (vielleicht ergänzt um: »Und Ihr habt uns vergessen!«) zur gehaltvollen demokratischen Auseinandersetzung beitragen kann. Jeder darf in der Demokratie einen Anspruch erheben, repräsentieren zu können (beispielsweise, indem er eine Partei gründet), aber jeder muss

MERKUR
Deutsche Zeitschrift für europäisches Denken

»noch immer die bedeutendste intellektuelle Monatsschrift hierzulande«
DIE ZEIT

»ein Vergnügen und eine Zumutung, eine Inspiration und eine Provokation«
FRANKFURTER ALLGEMEINE SONNTAGSZEITUNG

MERKUR
Deutsche Zeitschrift für europäisches Denken

Alexander Kluge, Politische Geologie
Eva Geulen, Begriffsgeschichten go global
Eckhard Schumacher, Vergangene Zukunft. Popkolumne
Christian Demand, Gedenkstätten. Memorialkolumne

Schwerpunkt »Die Gegenwart des Digitalen«
Caspar Hirschi/Carlos Spoerhase, Open Access
Dirk Baecker, Vom Ende der Moderne
Günter Hack, Das Internet als militärisches System
Valentin Groebner, Mit Dante und Diderot nach Digitalien
Ted Striphas, Das Internet der Worte
Roger A. Fischer, Zur gesellschaftlichen Lage des Netzes

Paul Kahl/Hendrik Kalvelage, Goethe und das NS-Erbe
Ljudmila Belkin, Donbass. Zur Vielheit in der Ukraine
Stephan Herczeg, Journal (XXII)

Jetzt auch für Tablet, iPad und Kindle!

69. Jahrgang, Januar 2015   12 €
Klett-Cotta

788

Sonderpreis für Privatkunden

Das Online-Zusatz-Abonnement für Bezieher der gedruckten Ausgabe für nur € 20,–!

Alle Abonnementangebote und Bestellmöglichkeiten unter

www.online-merkur.de

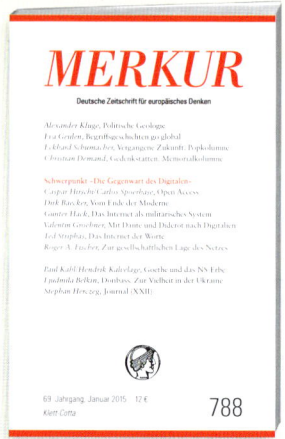  

Online-Abonnement mit MERKUR-Archiv ab 1947!

Neues aus dem Archiv

- Alle Jahrgänge ab 1947 sind jetzt komplett im Netz!

- Von Adorno über Améry, Benn, Böll, Bovery, Dahrendorf, Enzensberger, Handke, Habermas bis zu Rutschky, Bohrer, Seibt und Goetz:
Online Abonnenten haben Zugriff auf alle Originalbeiträge aus dem gewaltigen Fundus des MERKUR.

- Mit Gratis-Vorschau auf die erste Seite jedes Textes

- Erweiterte Suchfunktionen im Volltext.

Nutzen Sie das einzigartige Archiv des MERKUR für Ihre berufliche und private Recherche!

Sonderpreis für Abonnenten der Printausgabe:
Nur € 20,– / sFr 28,–* zusätzlich

*Jahrespreis inkl. MwSt. Gilt nicht für Bibliotheken und Geschäftskunden! Preise auf Anfrage.

Für Nicht-Abonnenten:
- Alle Beiträge können Sie als Download für je € 2 auch einzeln erwerben. Heftdownloads kosten € 9,99
- Bequeme Bezahlung via Kreditkarte, PayPal, Sofortüberweisung oder Giropay

www.volltext.online-merkur.de

MERKUR – Der Blog

Der Blog reagiert auf das Heft: Er bietet die Möglichkeit zur Veröffentlichung von Leserkommentaren, zu Nachfragen von Lesern und Redaktion an die Autorinnen und Autoren, außerdem Hinweise zu Reaktionen aufs Heft.

Der Blog ergänzt das Heft: mit Originaltexten, die schneller, kürzer, reaktiver sind als die in der Printausgabe, aber auch mit Serien, die über längere Zeiträume laufen, wie etwa »Ein Jahr mit den Goncourts« von Holger Schulze und Dominique Silvestri.

Der Blog erschließt das Volltextarchiv: mit Veröffentlichungen von klassischen Texten aus der Geschichte des MERKUR zu aktuellen Anlässen oder als Hintergrund zum Tagesgeschehen, aber auch mit Hinweisen auf prägende Autoren und Themen der Zeitschrift.

www.merkur-blog.de

Übrigens: Der MERKUR ist nicht nur im Blog, sondern auch auf Twitter und Facebook aktiv.

Absender:

_____
Name, Vorname

_____
Straße und Hausnummer

_____
PLZ und Ort

_____
E-Mail (Pflicht beim Online-Abo)

_____
Telefon und Fax

_____
Geburtsdatum (freiwillig)

Ansprechpartnerin: Friederike Kamann
Telefon (0711) 66 72 – 12 25, Fax (0711) 66 72 – 20 32
J. G. Cotta'sche Buchhandlung Nachf. GmbH, Stuttgart HRB 1890.
UST-IDNr. DE 811 122517, Geschäftsführer: Philipp Haußmann,
Tom Kraushaar, Michael Zöllner, Verleger: Michael Klett

Deutsche Post
ANTWORT

Klett-Cotta
Zeitschriften
Postfach 10 60 16
70049 Stuttgart
Deutschland

Die Prämien

Prämie 1

Angelo Bolaffi
Deutsches Herz
Das Modell Deutschland und die europäische Krise

»Dieses klug und brillant geschriebene Buch ist die Pflichtlektüre für alle, die noch an Europa glauben«
Daniel Dettling, The European, 11.3.2014

Prämie 2

Ulrich Raulff
Wiedersehen mit den Siebzigern
Die wilden Jahre des Lesens

Mit Witz und Charme besichtigt Ulrich Raulff die Epoche der 70er-Jahre und gewinnt diesem theoriebesessenen und anarchielustigen Jahrzehnt Erkenntnisse ab, die es freiwillig nicht preisgeben wollte: ein kleines Porträt der »Generation Theorie«.

Prämie 3

Per Leo
Flut und Boden
Roman einer Familie

Zwei ungleiche Brüder aus einer stolzen Stadtvilla an der Weser: Aus Martin wird ein Goetheaner und genauer Beobachter seiner Welt, aus Friedrich ein aktivistischer Krieger und Abteilungsleiter im Rasse- und Siedlungshauptamt der SS. Für den Enkel entwickelt sich die Nazi-Vergangenheit seines Großvaters zur Obsession.

Ich abonniere die Zeitschrift MERKUR und erhalte eine der drei Buchprämien nach Zahlungseingang

☐ **Prämienabonnement, print**° ab Heft _____ € 120,–/sFr 146,–; Vorzugspreis € 80,–/sFr 97,50 für Studenten, Nachweis s. beiliegende Bescheinigung; Jahresabonnement, jährlich 12 Hefte, zzgl. Versand: € 13,20 (D)/sFr 26,40 (CH)/€ 21,60 (A)/€ 31,20 (übriges Ausland).

☐ **Für Privatkunden zum Prämienabonnement Print das Online-Zusatz-Abonnement**° für nur € 20,–/Jahr; sFr 28,–/Jahr.
Der Preis gilt nicht für Bibliotheken, Geschäftskunden und Institutionen. Kein Prämienversand.

☐ **Prämienabonnement Online**° (inkl. Archiv) € 120,–/sFr 146,– (Privatkundenpreis); Vorzugspreis € 68,–/sFr 72,– (Privatkundenpreis) für Studenten, Nachweis s. beiliegende Bescheinigung, Jahresabonnement.

Ich bin damit einverstanden, dass meine bei Klett-Cotta erhobenen persönlichen Daten zu schriftlichen Beratungs- und Informationszwecken (Werbung) über Produkte des Verlags gespeichert, verarbeitet und genutzt werden. Sind Sie nicht einverstanden, streichen Sie diese Klausel. Sollten Sie Abonnent einer Zeitschrift von Klett-Cotta sein, hat eine Streichung der Einwilligungserklärung keinen Einfluss auf Ihr Abonnement. Ihre Einwilligung können Sie jederzeit gegenüber Klett-Cotta (s. Ansprechpartnerin) widerrufen. Weitere Informationen zum Datenschutz finden Sie in unserer Datenschutzerklärung, welche über die Homepage (www.klett-cotta.de) aufgerufen werden kann.

Bitte schicken Sie an meine umseitige Adresse:

☐ **Prämie 1**
Bolaffi: Deutsches Herz

☐ **Prämie 2**
Raulff: Wiedersehen mit den Siebzigern

☐ **Prämie 3**
Leo: Flut und Boden

Datum/Unterschrift

° Mindestdauer ein Jahr. Erfolgt keine Abbestellung spätestens 4 Wochen vor Ende des Bezugszeitraums, verlängert sich das Abo automatisch um ein Jahr. Alle Preise inklusive Mwst. (Drittländer exklusive Mwst.). Preise freibleibend. Stand 2015. Diese Bestellung kann innerhalb 14 Tagen ab Bestelldatum mit einer schriftlichen Mitteilung an den Verlag widerrufen werden.

sich auch dem einzigen »Volksurteil« beugen, das sich in der Demokratie wirklich empirisch nachweisen lässt: dem Wahlausgang. Der Populist, der eine Wahl verliert, tut eben dies nicht und trifft eine für die Demokratie fatale Unterscheidung zwischen einem empirischen und einem moralischen Wahlergebnis. Als der ungarische Ministerpräsident Viktor Orbán sich 2002 bei den Nationalwahlen knapp geschlagen geben musste, behauptete er, die Nation – offenbar exklusiv von seiner Partei repräsentiert – könne gar nicht in der Opposition sein. Als der mexikanische Linkspopulist Andrés Manuel López Obrador 2006 die Präsidentschaftswahlen denkbar knapp verlor, kampierten seine Anhänger wochenlang in der Mitte von Mexiko-Stadt und behaupteten, das wahre »Pueblo« zu sein. Schließlich gab auch der selbsternannte Volkstribun »AMLO« seine Niederlage zu – nicht jedoch ohne zu verkünden, der Sieg der Rechten sei »moralisch unmöglich« (und nicht ohne darauf zu bestehen, er sei der »legitime Präsident« Mexikos). Mit anderen Worten: Nur rein empirisch war der Sieg der »Volksverräter« möglich gewesen, und die Empirie rangiert in der Vorstellungswelt der Populisten immer hinter der Moral.

Es gibt noch eine andere Strategie, populistischen moralischen Anspruch und politische Wirklichkeit in Einklang zu bringen. Der Grundgedanke ist simpel: Wer die Populisten nicht unterstützt, gehört per definitionem gar nicht zum wahren Volk. Dieses Muster findet sich bereits bei den französischen Revolutionären, die meinten, das wahre Volk müsse sozusagen erst einmal aus der empirischen Masse aller Franzosen herauspräpariert werden (so eine treffende Formulierung des Demokratietheoretikers Claude Lefort). Anders gesagt: Wer sich den Populisten nicht anschließt, schließt sich selber aus. Und diese Selbstdisqualifizierung ist für Populisten stets eine moralische.

... und Praxis

Es mag nun so scheinen, als lebten Populisten allesamt in einer Art politischen Fantasiewelt – ein Gedanke, der auch die weitverbreitete Meinung stärken kann, wonach Populisten grundsätzlich unfähig seien zu regieren. Bei Populisten handele es sich immer um Protestparteien, und per definitionem könne man nicht gegen sich selber protestieren; einmal an der Macht, würden aus den Elitenkritikern selber Eliten, und ihre moralische Trumpfkarte gegen die nichtrepräsentativen Eliten steche nicht mehr. Eine andere Variante dieser These von der prinzipiellen Regierungsunfähigkeit der Populisten besagt, Populisten mit Staatsverantwortung würden unweigerlich »entzaubert« – ihre simplen Versprechungen würden sich im

Säurebad der politischen Realitäten auflösen. Im Idealfall würden dann zumindest manche Populisten aus ihrer Fantasiewelt vertrieben und sich zu Pragmatikern wandeln.

Auch mit dieser Diagnose machen es sich Liberale zu einfach und wiegen sich in einer politischen Sicherheit, die es so nicht gibt. Zum einen ist es sehr wohl möglich, an der Macht zu sein und Eliten zu kritisieren – nämlich die alten Eliten, die vermeintlich hinter den Kulissen noch immer die Strippen ziehen und die Populisten daran hindern, den wahren Volkswillen zu vollstrecken. Man denke nur an Hugo Chávez, der stets dunkle Hintermänner bei der offiziellen Opposition vermutete oder im Zweifelsfall die Vereinigten Staaten für alle Misserfolge seiner bolivarischen Revolution verantwortlich machte.

Vor allem jedoch wenden Populisten einen ganz bestimmten Regierungsstil an beziehungsweise pflegen ganz bestimmte Herrschaftstechniken, die mit ihrem moralischen Alleinvertretungsanspruch in Einklang stehen. Populisten nehmen den Staatsapparat in Besitz und platzieren ihre Partei- und Gefolgsleute in Positionen, die normalerweise von neutralen Beamten eingenommen werden sollten. Sicherlich findet sich dieser Imperativ von »occupy the state« auch bei anderen politischen Strömungen. Das Besondere ist, dass Populisten sich offensiv zu einer ansonsten eher anrüchigen Praxis bekennen können. Sie sind ja ihrem Selbstbild nach die einzig legitimen Vertreter des Volkes – und warum sollte das Volk seinen Staat nicht in Besitz nehmen und die Vollstreckung seines authentischen Willens durch das richtige Personal sicherstellen?

Zweifelsohne spielen hier – wie bei allen anderen Parteien auch – Machtgesichtspunkte eine Rolle. Aber dass man das, was andere eher verschämt tun, sozusagen mit gutem Gewissen zugeben kann, ist eine Besonderheit bei Populisten. Andere Politiker belohnen ihre Unterstützer ebenfalls mit Vergünstigungen – was Politikwissenschaftler gemeinhin Klientelismus nennen. Die Populisten aber können dies ganz offen tun (so offen wie Jörg Haider einst in Kärnten öffentlich Hundert-Euro-Scheine an das von ihm als das wahre definierte Volk verteilte). Für Populisten gehören ja nur ganz bestimmte Bürger zum wahren Volk, und diese verdienen alle nur erdenklichen Wohltaten vom Staat – den Rest kann man getrost ausschließen.

Umgekehrt ist es keineswegs so, dass Enthüllungen von Klientelismus und Korruption den Populisten automatisch schaden. Aus Sicht ihrer Unterstützer haben die Populisten ja alles nur für »uns« – das einzig wahre Volk – getan. Wohl nur so lässt sich erklären, dass der türkische Präsident Recep Tayyip Erdoğan trotz erdrückender Beweise für Korruption weiter von seinen Wählern als moralische Führungsfigur verehrt wird. Dabei besteht eine Ironie gerade darin – so eine kluge Beobachtung der deutschen Politikwissenschaftlerin Karin Priester –, dass Populisten am Ende genau das tun, was sie den alten Eliten am stärksten vorgeworfen hatten, als die Populisten noch aus der Opposition agierten.[2] Die Klage über die alte »Politikerkaste« hatte stets darin bestanden, dass diese den Staatsapparat zum eigenen Vorteil durchsetze und allgemein korrupt sei. Die neue *casta* tut dann genau dies – und dazu noch mit offensivem moralischem Anspruch.

Damit nicht genug. Wenn sich aus der Zivilgesellschaft Widerstand gegen regierende Populisten regt – wie politisch folgenlos auch immer –, ist es von entscheidender symbolischer Bedeutung für Populisten, diese Art von Opposition zu diskreditieren. Denn es könnte ja so aussehen, als repräsentierten die Populisten doch nicht das ganze Volk. Deshalb insistieren populistische Machthaber wie Wladimir Putin oder Viktor Orbán, dass die Zivilgesellschaft von ausländischen Agenten ferngesteuert werde. Dies erklärt die harschen Maßnahmen gegenüber Nichtregierungsorganisationen, die beispielsweise in Ungarn tatsächlich von ausländischen Staaten der vermeintlichen »liberalen Achse des Bösen« wie Norwegen unterstützt werden, aber trotzdem unabhängig sind.

Es gibt also eine Ideologie – oder, wenn man so will, eine Theorie – des Populismus. Und es gibt eine typische Praxis der Populisten. Diese passen zusammen und erlauben den Populisten, ihre Handlungen in einer Sprache zu rechtfertigen, die durchaus demokratisch klingen kann. Wer Populisten effektiv angreifen will, muss die moralische Dimension des populistischen Weltbilds verstehen. Liberale geben sich einer Illusion hin, wenn sie meinen, man müsse nur ganz rational den Populisten Klientelismus und Korruption nachweisen und könnte dann mit derartigen Entlarvungen automatisch politisch punkten.

Nicht weniger problematisch ist die Tendenz von Liberalen, oppositionelle populistische Gruppierungen einfach auszugrenzen. Denn damit macht man ja genau das, was man den Populisten berechtigterweise vorwerfen kann: Man schließt im Namen der Moral aus, genau wie die Populisten manche Bürger moralisch vom wahren, homogenen Volk ausschließen. Statt moralisch zu diskreditieren, sollten liberale Demokraten aber erst einmal diskutieren – und sei es, um Fakten gerade zu rücken. Sicher: In Fällen, in denen Populisten Volksverhetzung betreiben oder gar zur Gewalt aufrufen, greift das Gesetz – und da gibt es dann in der Tat nichts mehr zu diskutieren. In allen anderen Fällen jedoch – so unangenehm oder politisch

---

2 Karin Priester, *Rechter und linker Populismus. Annäherung an ein Chamäleon.* Frankfurt: Campus 2012.

unappetitlich dies auch sein mag – muss man nun einmal die Ansprüche, und nicht nur die vermeintlichen Ängste, der Bürger ernst nehmen. Mit einem »Aufstand der Anständigen«, die sich ob ihres Anstands gegenseitig gratulieren, ist es da nicht getan.

Neben solchen typischen Selbstwidersprüchen – »Schließen wir die aus, die ausschließen wollen!« – hat die liberale Position potentiell aber noch eine viel grundlegendere Schwäche: Sie scheint auf ein »Inklusion über alles!« hinauszulaufen. Aber solange es verschiedene Staaten und Staatsvölker gibt, scheint dies kein sehr überzeugender Imperativ. Die Liberalen nehmen stillschweigend an, dass wer einen Pass eines bestimmten Landes besitzt oder längere Zeit auf einem Staatsgebiet lebt, dazugehören sollte. Somit ist das Inklusionskriterium letztlich aber eine Sache von empirischen Zufälligkeiten – während der Populist, so scheint es, hier doch gerade moralische Substanz anbieten kann (beispielsweise in Form eines »Nur wer arbeitet, gehört dazu!«). Somit sehen sich Liberale – aber nicht Populisten – mit einer der schwierigsten philosophischen Paradoxien der Demokratie überhaupt konfrontiert: Fragen von demokratischer Inklusion lassen sich nicht demokratisch entscheiden. Denn wer sagt, die Grenzen der Demokratie sollten vom Demos bestimmt werden, muss ja erst einmal feststellen, wer zum Demos gehört – was doch gerade die Frage war.

Sind liberale Demokraten hier also, was eine normative Untermauerung der Demokratie und Argumente gegen Populisten angeht, schlicht aufgeschmissen? Nicht unbedingt. Denn die Vorstellung, es müsse ein festes, philosophisch ein für alle Mal unangreifbares Kriterium für politische Zugehörigkeit geben, ist selber fragwürdig. Keine Demokratie entsteht aus dem Nichts, alle beruhen auf historischen Zufällen – und, nicht zuletzt, vielen Ungerechtigkeiten. Demokratie ist aber auch eine Sache von Prozeduren, die einen Prozess ermöglichen, durch den Ungerechtigkeiten korrigiert und neue Kriterien der Zugehörigkeit ausgehandelt werden können. Es gibt selbstverständlich keine Garantie dafür, dass diese Prozesse immer in die richtige Richtung verlaufen. Kein Geringerer als Martin Luther King meinte einmal, der Bogen des moralischen Universums sei lang, aber er neige sich zur Gerechtigkeit hin. Vielleicht, vielleicht auch nicht. Es kommt eben auf die Bürger an, die bereit sind, für Gerechtigkeit zu streiten und beispielsweise klar zu sagen, dass in einer Demokratie die Parole »Wir sind das Volk« in der Tat, wie bei Pegida geschehen, auf ein »Ihr gehört nicht dazu« hinausläuft. Im zweiten Schritt müssen solche Bürger aber auch erklären, warum es eine Sache der Gerechtigkeit und des Anstands – und nicht nur empirischer Fakt – ist, dass diejenigen dazugehören, die die Populisten ausschließen wollen.

Gibt es in Europa heute wirklich Populisten? Ja. Wird der Populismusbegriff von europäischen Eliten (bewusst oder unbewusst) überdehnt, um missliebige Kritik ignorieren zu können? Auch darauf muss die Antwort »Ja« lauten. Und die Anforderungen an die politische Urteilskraft werden noch einmal dadurch erhöht, dass manche Politiker, Parteien und Bewegungen zwischen Demokratie und Populismus changieren. Wenn Beppe Grillo die großen italienischen Parteien kritisiert, wird man ihm wohl oder übel in vielem zustimmen müssen. Wenn er aber fordert, seine Bewegung verdiene hundert Prozent im Parlament (sprich: alle anderen politischen Akteure seien eigentlich illegitim), ist er eindeutig Populist. Insofern ist Populismus ein Phänomen, das zur Besinnung zwingt auf das, was wir von und mit Demokratie eigentlich wollen und von welchen Fiktionen sich ein aufgeklärtes demokratisches Denken besser verabschieden sollte (auch eine einstimmige Entscheidung im Parlament ist nicht gleich Volkswille, ebenso wenig wie ein hundertprozentiger »Volksentscheid«). Was immer man sonst von ihnen halten mag: Zu dem erklärten Vereinsziel von Pegida e. V., das da hieß: »Förderung von politischer Wahrnehmungsfähigkeit«, tragen Populisten nolens volens etwas bei.

KRITIK

Rechtskolumne

Symmetrie, Gleichheit und Gender Studies

Von Ute Sacksofsky

Seit langer Zeit gilt Symmetrie als Grundbedingung von Schönheit. Zwar lässt die ästhetische Theorie in gewissem Umfang Asymmetrien zu, doch müssen diese geringfügig bleiben, um die Schönheit nicht zu gefährden. Symmetrie ist auch Ausdruck von Neutralität und Objektivität: Für Spiegelungen muss es unerheblich sein, von welchem Standpunkt aus gespiegelt wird.

Auch das Recht liebt Symmetrie. Symmetrie klingt nach Ebenmäßigkeit, gleichmäßiger Berücksichtigung aller Seiten, einem ausgewogenen Verhältnis, in der Sprache des Verfassungsrechts: angemessenem Ausgleich. Keine Person wird bevorzugt, keine Interessen; aus Neutralität folgt Gerechtigkeit. Kleine Abweichungen von der Symmetrie werden nur in Ausnahmefällen toleriert – Einzelfallgerechtigkeit. Nicht umsonst ist Justitia mit den verbundenen Augen und der Waage das Sinnbild des Rechts.

Und die Wissenschaft? Neutralität und Objektivität sind eng mit den Vorstellungen von Wissenschaftlichkeit verknüpft. Auch wenn zweifelhaft – und in der (Geistes)Wissenschaft umstritten – ist, ob es »Objektivität« überhaupt geben kann, herrscht doch weitgehende Einigkeit, dass für wissenschaftliche Untersuchungen jedenfalls ein Bemühen um möglichst große Objektivität gegeben sein muss. Der »ernsthafte Versuch zur Ermittlung von Wahrheit« (Bundesverfassungsgericht) darf nicht von einem subjektiven Standpunkt aus oder parteilich unternommen werden.

Geschlechterstudien und wissenschaftliche »Objektivität«

Gender Studies scheinen in dieses Bild von Wissenschaftlichkeit nicht hineinzupassen. Als ich im Jahr 2000 meine Antrittsvorlesung an der Universität Frankfurt zum Thema »Was ist feministische Rechtswissenschaft?« hielt, wurden die Ankündigungsplakate mit Slogans wie »Was soll der Dreck?«, »Unsinn« oder »Das ist doch keine Wissenschaft« verziert. Fünfzehn Jahre später sind die Gender Studies zwar insgesamt gesehen besser verankert – nicht zuletzt haben sich 2010 die Forscher*innen in einer Fachgesellschaft Geschlechterstudien / Gender Studies zusammengeschlossen –, doch die Anfeindungen bleiben. Im Mai 2015 schwang sich Hans Peter Klein im Feuilleton der *Frankfurter Allgemeinen Zeitung* auf, den Evolutionsbiologen Kutschera zu verteidigen, der den »Kreationismus« (den fundamentalistischen Antidarwinismus) für »geistesverwandt« mit dem »Genderismus« erklärte: »eine universitäre Pseudowissenschaft, die den deutschen Steuerzahler jährlich viele Millionen Euro kostet«.

Der Artikel erweckt den Eindruck, die Gender Studies hätten die deutschen Universitäten fest im Griff. Affekt (und Effekthascherei) statt Fakten: Derzeit gibt es deutschlandweit 139 Professuren mit einer (Teil)Denomination in Gender Studies, das ist nicht einmal 1 Prozent der hauptberuflich an Universitäten tätigen Professor*innen – offensichtlich aber mit gewaltiger Ausstrahlung. Das Patriarchat schlägt zurück, weil es sich bedroht fühlt – doch vielleicht sind das auch nur die Hoffnungen einer optimistischen Feministin.

Immer wieder wird den Gender Studies vorgeworfen, Wissenschaft von nur einem einzigen Standpunkt (dem »der Frau«) aus zu betreiben und damit Objektivität und Neutralität als Kern von Wissenschaftlichkeit aufzugeben. Dies ist insofern bemerkenswert, als Gender Studies oder »Geschlechterstudien« ihrer Bezeichnung nach inzwischen sogar einen »neutralen« Namen tragen. Dies war in den achtziger und neunziger Jahren noch anders; damals begannen die Geschlechterstudien als »Frauenstudien« oder »Frauenforschung«. 1987 wurde die erste Professur für Frauenforschung in Deutschland mit Ute Gerhard am Fachbereich Soziologie an der Universität Frankfurt besetzt. Nun könnte man vermuten (und die Gegner*innen des Faches tun dies sicherlich), dass durch die Umbenennung Symmetrie nur vorgespiegelt würde, es in Wahrheit immer noch um die Entwicklung einer feministischen Agenda gehe.

Indes traf dies schon für die achtziger und neunziger Jahre nicht zu. Im Gegenteil: Bereits damals zielte Frauenforschung nicht darauf ab, ein Ungleichgewicht zu schaffen, sondern einen blinden Fleck der Mainstream-Forschung sichtbar zu machen. Es ging von Anfang an darum, gesellschaftliche Verhältnisse unter dem Strukturmerkmal »Geschlecht« zu analysieren, einer Analysekategorie, die die Wissenschaft zuvor zumeist völlig außer Acht gelassen oder allenfalls unter – für wissenschaftliches Arbeiten wahrlich erstaunlich – Missachtung »normaler« Begründungsstandards abgehandelt hatte. Um nur an die Positionen einiger weniger unserer Geistesgrößen zu erinnern: Kant billigte den Frauen zwar durchaus eine Art von Verstand zu, doch bezog sich dieser seiner Auffassung nach nur auf das Schöne, während das Erhabene den Männern vorbehalten blieb: »Der schöne Verstand wählt zu seinen Gegenständen alles, was mit dem feineren Gefühl nahe verwandt ist, und überläßt abstrakte Spekulationen oder Kenntnisse, die nützlich aber trocken sind, dem emsigen, gründlichen und tiefen Verstande«.

Und Hegel erklärte: »Frauen können wohl gebildet sein, aber für die höheren Wissenschaften, die Philosophie und für gewisse Produktionen der Kunst, die ein Allgemeines fordern, sind sie nicht gemacht. Frauen können Einfälle, Geschmack, Zierlichkeit haben, aber das Ideale haben sie nicht«, und folgerte daraus messerscharf: »Stehen Frauen an der Spitze der Regierung, so ist der Staat in Gefahr, denn sie handeln nicht nach den Anforderungen der Allgemeinheit, sondern nach zufälliger Neigung und Meinung.«

Eine erste Aufgabe der Frauenforschung, insofern traf die damalige Bezeichnung durchaus zu, war es, diese und ähnliche Aussagen aufzuspüren, ihre immanenten Widersprüche aufzuzeigen und herauszuarbeiten, dass die traditionelle Rollenverteilung der Geschlechter nicht eine »natürliche«, sondern eine gesellschaftlich konstruierte war und ist. Als gesellschaftlich konstruiert hatte, so konnte alsbald (wissenschaftlich) gezeigt werden, die Geschlechterordnung im Laufe der Geschichte erhebliche Wandlungen erfahren. In gewissem Sinne hat überhaupt erst die Aufklärung den Geschlechtsunterschied als fundamentale Kategorie »erfunden« und in ihrer Bedeutung aufgeladen. In der ständischen Gesellschaft beispielsweise war die Unterscheidung nach Stand wichtiger als jene nach Geschlecht. Holzschnittartig formuliert: Gerade weil die Aufklärung durch die Forderung nach Gleichheit *aller* Menschen gekennzeichnet war, wurde die Ausgrenzung der Frauen aus dem Bürgerstatus rechtfertigungspflichtig – dazu wurde der Geschlechtsunterschied fundamentalisiert.

Nachdem die Frauenforschung diese Grundlagenarbeit erledigt hatte, wurde deutlich, dass die Vorstellung einer einheitlichen Kategorie »Frau« auf Dauer nicht haltbar war. In dieser Einsicht kamen verschiedene Entwicklungsstränge zusammen. Zum einen ging es um Intersektionalität: Insbesondere Amerikanerinnen afrikanischer Abstammung machten deutlich, dass sich ihre Problemlagen von denen weißer Mittelklassefrauen wesentlich unterschieden. Sie hatten niemals den »romantischen Paternalismus« erlebt, der bürgerliche Frauen auf ein Podest gestellt, zugleich aber auch in einen Käfig gesperrt hatte.

Es wurde klar, dass Geschlecht nur *eine* von mehreren zentralen Kategorien ist, die gesellschaftliche Ungleichheit kennzeichnen: *race*, *class*, *gender* als die klassischen Achsen der Differenz. Zum zweiten wuchs das Interesse daran, die Auswirkungen der traditionellen Geschlechterordnung auf Männer zu untersuchen; Männer sind zwar einerseits Privilegierte der herkömmlichen Rollenverteilung, zugleich aber auch selbst erheblichen Zwängen durch Männlichkeitskonstruktionen unterworfen. Zum Dritten geriet die Konstruktion der Kategorie »Geschlecht« selbst immer mehr in den Fokus des wissenschaftlichen Interesses. Hatte die Frauenbewegung in den siebziger Jahren noch die Trennung von *sex* (biologischem Geschlecht) und *gender* (sozialem Geschlecht) gefordert, was etwa in Slogans wie »Biologie ist kein Schicksal« zum Ausdruck kam, wurde später die biologische Dimension von Geschlecht selbst als sozial konstruiert in Frage gestellt.

Die Verbindung von Geschlecht und sexuellem Begehren wurde näher untersucht; insbesondere Judith Butlers Konzept der »heterosexuellen Zwangsmatrix« prägte die Debatte. Intersexuelle und Transgender-Menschen kämpften um ihre Rechte, vor allem das Recht, nicht zwangsweise in eine der beiden Geschlechtskategorien »Frau« und »Mann« eingeordnet zu werden. Damit wird Geschlecht nicht länger als bipolarer Gegensatz von männlich und weiblich (symmetrische Spiegelung), sondern als Kontinuum begriffen, in dem sich die Einzelnen verorten. Den daraus resultierenden Strauß neuer Fragestellungen spiegelt die heutige Bezeichnung als Gender Studies oder Geschlechterstudien wider. Sie sollte deshalb eher als Ausdruck der Bereitschaft zum Überdenken von Positionen denn als Zeichen ideologischer Verblendung verstanden werden.

Der Vorwurf einer »Betroffenheitswissenschaft« wird auch wegen der überwiegenden Geschlechtszugehörigkeit der Wissenschaftler*innen in den Gender Studies erhoben. Dieser Vorwurf liegt offensichtlich neben der Sache. Denn die Forderung nach Objektivität ist nur dann sinnvoll zu stellen, wenn es grundsätzlich als möglich angesehen wird, von der eigenen Betroffenheit abzusehen und einen objektiv-neutralen Standpunkt einzunehmen. Wollte man dies gänzlich in Abrede stellen, so ließe sich der Spieß (sehr symmetrisch) umdrehen: Auch Männer haben ein Geschlecht.

Im Folgenden seien nun drei Aspekte der aktuellen Debatten um Geschlechterverhältnisse herausgegriffen, die allesamt mit Symmetrie zu tun haben: In der Debatte um Frauenquoten wird der Vorwurf der Verletzung gleichheitsrechtlicher Symmetrie erhoben. Der Hang zur Symmetrie scheint auch in einer Tendenz der Gesetzgebung auf, Normen zur Durchsetzung der Gleichberechtigung »geschlechtsneutral« zu formulieren, was freilich selbst wieder verfassungsrechtliche Probleme schafft. Symmetrie wird schließlich ganz verweigert in der Debatte um gendergerechte Sprache.

Frauenquoten und Symmetrie im Gleichheitsdenken

Quotenmodelle zur tatsächlichen Durchsetzung der Gleichberechtigung von Männern und Frauen waren die große Hoffnung der Gleichstellungspolitik der achtziger Jahre. Die Idee für Quotenmodelle stammt aus den Vereinigten Staaten, wo schon seit den siebziger Jahren Maßnahmen zur Bekämpfung der Rassendiskriminierung eingeführt wurden *(affirmative action)*. Viele Gleichstellungsgesetze deutscher Bundesländer schufen Quoten zur Förderung von Frauen in Bereichen, in denen diese bislang unterrepräsentiert waren. Vor allem verbreitet waren die sogenannten Entscheidungsquoten, wonach Frauen bei gleicher Qualifikation bevorzugt einzustellen oder zu befördern waren. Der Europäische Gerichtshof hielt solch durchsetzungsstarke Quoten allerdings für europarechtswidrig. Dagegen billigte er relativ durchsetzungsschwache Quoten (also solche mit Härteklauseln für Männer).

Der EuGH nannte Klauseln ohne Härtefallausnahmen »absolut und unbedingt«, wobei ihn nicht irritierte, dass es sich um Entscheidungsquoten handelte, die ja schon durch das Erfordernis der gleichen Eignung und Leistung »bedingt« waren. Damit schienen Quotenmodelle ihren Zenit schon wieder hinter sich zu haben. Sie waren nur in einer weichen Form zulässig und erzielten kaum praktische Wirksamkeit. Überraschenderweise hielt aber mit der Quote für Aufsichtsräte jüngst doch wieder ein Quotenmodell Einzug in den politischen Diskurs und führte gar zum Erlass einer gesetzlichen Regelung.

Von Anfang an wurden gesetzgeberische Quotenregelungen von intensiver juristischer Diskussion begleitet. Dabei ging es vor allem um eine behauptete Symmetrie der besonderen Gleichheitssätze. Eine Reihe von deutschen Gerichten erklärte Quotenregelungen für verfassungswidrig, in der Literatur sahen viele in ihnen ebenfalls einen Gleichheitsverstoß. Das Verbot der Benachteiligung wegen des Geschlechts in Artikel 3 Absatz 3 des Grundgesetzes sei ein Differenzierungsverbot und symmetrisch zu verstehen. Verboten sei die Anknüpfung an das Merkmal »Geschlecht«, und zwar unabhängig davon, ob diese zu Lasten von Männern oder Frauen erfolge. Durch die Brille des Differenzierungsverbots betrachtet, unterscheidet sich eine Regelung, die Frauen nicht zum Richterdienst zulässt, nicht von einer, die verlangt, Frauen bei gleicher Eignung bevorzugt einzustellen.

Mit dieser symmetrischen Lesart als Differenzierungsverbot wird allerdings die Funktion besonderer Gleichheitssätze verkannt. Besondere Gleichheitssätze werden typischerweise zu bestimmten historischen Zeitpunkten von benachteiligten sozialen Gruppen erkämpft. So wurde das Gebot der Gleichberechtigung von Männern und Frauen in Artikel 3 Absatz 2 des Grundgesetzes erst nach erheblicher politischer Mobilisierung von Frauenverbänden aufgenommen.

In den fünfziger Jahren war daher auch in der juristischen Literatur allgemein anerkannt, dass dieses Grundrecht gerade nicht symmetrisch sei, sondern allein eine »Förderung der Stellung der Frau« (so drückte man dies damals aus) beabsichtigte. Nur so erklärt sich auch, dass Klagen von Männern in dieser Frühzeit der Bundesrepublik regelmäßig erfolglos blieben.

Der Fehler, besondere Gleichheitssätze von ihrer Entstehungsgeschichte und gesellschaftlichen Funktion zu lösen, mag dadurch bedingt sein, dass die Forderung nach Abschaffung der Benachteiligung von Frauen im Wege des Differenzierungsverbots für eine bestimmte Phase der Bekämpfung der Diskriminierung durchaus sinnvoll und leistungsfähig war. Diskriminierung verläuft typischerweise in mehreren Phasen. Vereinfachend und idealisierend lassen sich zwei Phasen rechtlicher Diskriminierung unterscheiden.

In der ersten Phase wird das Merkmal »Geschlecht« beziehungsweise »Rasse« in der Rechtsordnung eingesetzt, um Menschen erster und Menschen zweiter Klasse explizit zu unterscheiden. Ausdruck solcher Regelungen ist die Aberkennung des Bürgerstatus, wie er sich etwa zeigt in Apartheid, im Ausschluss vom Wahlrecht oder in der Unterordnung der Ehefrau unter den Ehemann, wie sie das BGB in seiner ursprünglichen Fassung vorsah. In dieser – besonders offensichtlich gleichheitswidrigen – Phase ist Diskriminierungsabbau im Wege des Verbots der Verwendung des betroffenen Merkmals sinnvoll und hinreichend. Ein Verständnis der besonderen Gleichheitssätze als Differenzierungsverbot ist hier angemessen.

Inzwischen aber ist diese Phase überwunden. Es finden sich kaum noch explizit Frauen benachteiligende Normen in der Rechtsordnung. Formale Gleichbehandlung ist weitgehend erreicht. Doch materielle Gleichberechtigung liegt noch in weiter Ferne. In der jetzigen zweiten Phase muss sich Diskriminierungsbekämpfung mit den Institutionen der Gesellschaft beschäftigen, die zwar geschlechtsneutral konstituiert sind, aufgrund ihrer Auswirkungen aber tatsächliche Chancengleichheit verhindern. Die Gesellschaft hat sich strukturell entlang der traditionellen Rollenverteilung zwischen Mann und Frau eingerichtet.

Beispielsweise wird der »normale Arbeitnehmer« als Vollzeitarbeitnehmer gedacht. Dies hat Auswirkungen auf das Arbeits- und Sozialrecht, ohne dass in den entsprechenden Rechtsnormen explizit auf das Merkmal »Geschlecht« Bezug genommen würde. Begnügt man sich mit formaler Gleichbehandlung nach dem Geschlecht, ist der Umstand irrelevant, dass die volle Rente nur bei ununterbrochener Erwerbsbiografie erreicht wird. Ein Verständnis als Differenzierungsverbot blendet solche fortbestehenden tatsächlichen Nachteile von Frauen aus, da es sie als rein gesellschaftliche, nicht als rechtliche Nachteile begreift. Dabei wird freilich übersehen, dass das Recht auch dann, wenn es das Merkmal »Geschlecht« nicht explizit verwendet, Diskriminierung von Frauen wesentlich mitprägt, unterstützt oder gar erst schafft. Der Bekämpfung solcher nur scheinbar geschlechtsneutraler Regelungen dient die mittlerweile anerkannte dogmatische Rechtsfigur der »mittelbaren Benachteiligung«.

Ein symmetrisches Verständnis von Gleichheitssätzen blendet die unterschiedlichen Auswirkungen einer formal für alle gleichermaßen geltenden Regelung auf verschiedene Gruppen von Menschen aus. Die Nichtberücksichtigung von unterschiedlichen Auswirkungen jedoch stärkt die Stellung der Privilegierten. Bereits Aristoteles unterschied mit der ausgleichenden und der austeilenden Gerechtigkeit verschiedene Formen von Gleichheit. Es gibt zahlreiche Konstellationen, in denen eine formale Gleichbehandlung ungerecht ist und deshalb im Rechtssinne als »ungleich« gelten muss. Nehmen wir den Fall, es gäbe nur eine bestimmte Menge eines Medikaments, die gerade ausreicht, um alle Kranken zu versorgen. Niemand würde es als gerecht bezeichnen, das Medikament an alle Menschen zu verteilen, unabhängig davon, ob sie es brauchen, mit der Folge, dass die Kranken nicht genügend davon erhielten. Auch eine Kopfsteuer, bei der jeder Mensch die absolut gleiche Summe an Steuern bezahlt, verstößt offensichtlich gegen unser Verständnis von Steuergerechtigkeit.

Gleichheit darf daher nicht mit identischer Behandlung im Sinne formaler Gleichbehandlung verwechselt werden. Dass formale Gleichheit ohne Berücksichtigung der faktischen Auswirkungen nicht zu Gerechtigkeit führt, kommt schon in Anatole France' berühmtem Satz treffend zum Ausdruck: »unter der majestätischen Gleichheit des Gesetzes, das Reichen wie Armen verbietet, unter Brücken zu schlafen, auf den Straßen zu betteln und Brot zu stehlen«. Will man besondere Gleichheitssätze nicht mit Symmetrieanforderungen in Formalismus erstarren lassen, müssen der je unterschiedliche soziale Kontext und damit zugleich die Auswirkungen auf verschiedene Personengruppen Berücksichtigung finden.

Dies bedeutet nicht, dass Quotenregelungen unbeschränkt und jederzeit zulässig wären; doch von den (verfassungs-)rechtlichen Anforderungen an Quotenregelungen handelt diese Kolumne nicht. Der Abschied vom Symmetrieverlangen bedeutet jedenfalls, dass an das Merkmal »Geschlecht« anknüpfende Quotenregelungen zur Förderung der gleichberechtigten Teilhabe von Frauen nicht prinzipiell und ausnahmslos unzulässig sind.

Symmetrische Geschlechterförderung

Selbst dann, wenn sich die Gesetzgebung zu Quotenregelungen durchringt, feiert das symmetrische Denken fröhliche Urständ. So betreibt die moderne Gesetzgebung nicht Frauenförderung, sondern liebt geschlechtsneutrale Formulierungen. Die neue Quotenregelung für Aufsichtsräte verlangt etwa, dass »Frauen und Männer jeweils mit einem Anteil von mindestens 30 Prozent vertreten sein« müssen. Entsprechend sieht das Betriebsverfassungsgesetz vor, dass »das Geschlecht, das in der Belegschaft in der Minderheit ist, ... mindestens entsprechend seinem zahlenmäßigen Verhältnis im Betriebsrat vertreten sein *muss*, wenn dieser aus mindestens drei Mitgliedern besteht«.

Unzählige weitere Normen – von der Schöffenwahl über den Wahlvorstand der Personalvertretung, die Bestellung ehrenamtlicher Richter bis hin zu den Auswahlkommissionen im Bundeseisenbahnvermögen und bei der Wasser- und Schifffahrtsverwaltung – verlangen eine »angemessene Berücksichtigung von Männern und Frauen« oder jedenfalls, dass überhaupt Männer und Frauen vertreten sein sollen.

Ob die Befürworter*innen solch scheinbar geschlechtsneutraler Regelungen meinen, dass Quotenregelungen leichter zu rechtfertigen sind, wenn sie für beide Geschlechter gelten? Sie irren. Die Anknüpfung an das Merkmal »Geschlecht« ist und bleibt problematisch. Um eine Anknüpfung an das Merkmal »Geschlecht« handelt es sich auch, wenn für beide Geschlechter eine Mindestquote vorgesehen wird.

Das Differenzierungsverbot hat einen richtigen Kern. Das Benachteiligungsverbot wegen des Geschlechts ist verfassungsrechtlich verankert, weil es ungerecht erscheint, Chancen und Lasten nach Merkmalen zu beurteilen, für die die Einzelnen nichts »können«, die grundsätzlich unveränderlich und von Geburt an vorgegeben sind. Das Bundesverfassungsgericht verlangt daher in ständiger Rechtsprechung eine Rechtfertigung für Regelungen, die an das Merkmal »Geschlecht« anknüpfen.

Eine solche Rechtfertigungsmöglichkeit findet das Gericht – zu Recht – in dem Verfassungsgebot zur Durchsetzung tatsächlicher Gleichberechtigung (Art. 3 Abs. 2 GG). Dieser Verfassungsauftrag bezieht sich aber nur auf Maßnahmen zur Überwindung der traditionellen Geschlechterordnung. Bereiche, die traditionell Personengruppen ausgeschlossen haben, können über Quotenregelungen geöffnet werden. Die symmetrische Absicherung der Mindestrepräsentation von Männern und Frauen ist vom Verfassungsauftrag dagegen *nicht* gedeckt.

Die Absurdität symmetrischer Regelungstechnik, wenn eigentlich eine bestimmte Gruppe gemeint ist, zeigt sich auch im Elterngeld. Denn die zwei zusätzlichen Monate, für die Elterngeld gewährt wird, wenn der »*andere* Elternteil« zuhause bleibt, werden zwar allgemein – entsprechend der Zielrichtung des Gesetzgebers – als »Vätermonate« bezeichnet, die Formulierung im Gesetz jedoch ist geschlechtsneutral. Zwar mag es nur wenige Fälle geben, in denen sich die Eltern auf eine nichttraditionelle familiäre Arbeitsteilung dahingehend geeinigt haben, dass die Mutter durchgehend berufstätig ist, während der Vater allein die Elternmonate in Anspruch nimmt – und ihm dann ebenfalls nur 12 Monate zustehen. Ein gesetzgeberisches Ziel, das – zumal verfassungsrechtlich verankert – rechtfertigen könnte, auch in diesen Fällen ein Elterngeld für 14 Monate zu versagen, ist hier nicht ersichtlich.

Geschlechtergerechte Sprache und Symmetrie

Die Forderung nach geschlechtergerechter Sprache müsste eigentlich denjenigen, die Sympathie für Symmetrie haben, entgegenkommen. Dies aber ist ein Kampffeld, auf dem die abwehrenden Emotionen doch wieder heftig aufflackern. Exemplarisch sei auf einen Diskussionsbeitrag von Josef Isensee auf einer (einige Jahre zurückliegenden) Staatsrechtslehrertagung verwiesen. Isensee, normalerweise bekannt für seine geschliffenen und prägnanten Äußerungen, führte aus: »Das Wort ›Bürgerverantwortung‹ hat zum Glück bei keinem der Referenten den Reflex ausgelöst, von ›Bürgerinnen und Bürgern‹ zu reden, also eine Ausgrenzung zu dementieren, die kein ernsthafter Mensch versucht, Sprachmüll des Feminismus zu produzieren und unser Recht auf Zeit zu verbrauchen.«

Immer wieder wird den Befürworter*innen geschlechtergerechter Sprache entgegengehalten, sie hätten die Grammatik nicht verstanden: Im Deutschen schließe das generische Maskulinum männliche und weibliche Personen ein. Als ob damit die Diskussion beendet wäre. Sprachwissenschaftliche Studien belegen: Bei der Verwendung des generischen Maskulinums werden ganz überproportional häufig Bilder von Männern aufgerufen, werden hingegen beide Geschlechter – »Bürgerinnen und Bürger« – benannt, entsprechen auch die Assoziationen beiden Geschlechtern. Zudem ist es ein heilsames Verfahren, sich bei jeder Verwendung eines Begriffs Klarheit darüber zu verschaffen, ob wirklich sowohl Männer als auch Frauen gemeint sind; dies kann auf strukturelle Hürden und Ausschlüsse aufmerksam machen.

Der Hauptnachteil einer je symmetrischen Verwendung bei allen Begriffen ist offensichtlich die dadurch eintretende Komplexitätssteigerung. Dies kann zum Verlust von Verständlichkeit führen und ist für die Rechtssprache in der Tat problematisch. Denn Klarheit ist eine zentrale Anforderung an Rechtsnormen.

Das Angebot neuerer Sprachformen ist vielfältig. Es reicht von der Doppelnennung (Bürgerinnen und Bürger), über freilich nicht immer praktikable Gerundien (Studierende), das frühere Binnen-I (BürgerInnen) bis hin zu moderneren Formen (Bürger_innen oder Bürger*innen); Letztere weisen zudem den Vorteil auf, auch Raum für diejenigen Personen zu bieten, die sich weder als Männer noch als Frauen verstehen (Intersexuelle, Transgender). Insbesondere die beiden neueren Formen sind noch so ungewöhnlich, dass viele beim Lesen darüber stolpern. Sprache kann sich ändern und ändert sich; beispielsweise war zu meinen Studienzeiten das Wort »Studierende« noch vollkommen ungebräuchlich. In Schweden wurde vor kurzem das künstlich gebildete geschlechtsneutrale Personalpronomen »hen« von der Schwedischen Akademie in die offizielle Wörterliste aufgenommen.

Eine perfekte Lösung für den geschlechtersensiblen Umgang mit Sprache gibt es nicht. Für mich bedeutet dies, je nach Kontext, in unterschiedlicher Weise mit dem generischen Maskulinum umzugehen. Diejenigen, die ausschließlich auf das generische Maskulinum setzen, müssen sich fragen lassen, ob es für sie komplett irrelevant ist, wenn sich Personen damit ausgegrenzt und nicht wahrgenommen fühlen; »Liebe Kollegen« ist kaum noch eine zeitgemäße Anrede, wenn man alle erreichen möchte (und unterstellt, es gibt auch Kolleginnen). Andererseits scheint mir ein durchgehendes Einfordern von sprachlicher Symmetrie oder moderneren Formen überzogen, da Sprache auch mit individueller Gewöhnung zu tun hat. Für eine Übergangszeit halte ich es daher für richtig, zu experimentieren und auf allmähliche Veränderungsprozesse zu setzen. Auch bei dem schwierigen Problem der geschlechtergerechten Sprache scheinen mir Kontextabhängigkeit und Liberalität gute Leitlinien.

Symmetrie verspricht zwar die Klarheit formaler Anwendung von Gleichheitsstandards, doch damit wird der Sinn besonderer Gleichheitssätze verkannt. Ohne sich auf die schwierige Analyse von Auswirkungen und Kontexten einzulassen, kann eine angemessene Erörterung gleichheitsrechtlicher Probleme nicht erfolgen.

Memorialkolumne

Gedenkmarktbeobachtungen

Von Christian Demand

Das Jahr 2014 werde »als Jahr der Jubiläen in die Zeitgeschichte eingehen«, resümierte Martin Sabrow hier vor einigen Monaten im Rückblick auf das intensive öffentliche Gedenken an das Attentat von Sarajevo und den Ausbruch des Ersten Weltkriegs vor 100, den des Zweiten vor 75 sowie den Mauerfall vor 25 Jahren.[1] Es mag purer Zufall sein, passt aber andererseits sehr gut zu dieser Einschätzung, dass die wissenschaftlichen Dienste des Deutschen Bundestags ebenfalls 2014 erstmals eine separate Auflistung der für die parlamentarische Arbeit relevanten historischen Jahres- und Gedenktage zusammenstellten. Die bis dahin übliche Übersicht, die auch politische Aktions- und Thementage umfasste, war durch ihren ständig wachsenden Umfang schlicht zu unhandlich geworden.

Der neue, tabellarisch gefasste »Infobrief« mit Kurztexten und weiterführenden Links stellte ausdrücklich keinen Anspruch auf Vollständigkeit und umfasste dennoch satte 55 Seiten, die über insgesamt 74 einschlägige Jahrestage informierten. Das ist in der Tat eine imponierende Jubiläumsdichte, und doch war 2014 in dieser Hinsicht keineswegs ein Ausnahmejahr.

2015 hat dieselbe Übersicht noch einmal um 15 Seiten und 14 weitere Jahrestage zugelegt, und man kann davon ausgehen, dass dieser Wert schon im kommenden Jahr aufs Neue überboten wird, zumal sich zahllose andere politische Organisationen wie Stiftungen und Bildungswerke, aber auch NGOs, Gewerk-

---

1 Martin Sabrow, *Zeitgeschichte als Jubiläumsreigen.* In: *Merkur,* Nr. 789, Februar 2015.

schaften, Verbände und Aktionsgruppen an der akribischen Suche nach potentiellen Gedenkanlässen beteiligen. Auch außerhalb des engeren politischen Felds ist diese Form erinnerungsstimulierender Umtriebigkeit weit verbreitet. Das Spektrum der Anbieter, die allgemeine historische Gedenktagsübersichten liefern oder auch ganz gezielt einzelne Jahrestage – seien es Stadtgeburtstage oder Firmenjubiläen – bekanntzumachen versuchen, reicht von professionellen Pressediensten und PR-Agenturen mit vielstufigen Publikations- und Vernetzungsmöglichkeiten zu privaten Gedenktagsanerkennungsinitiativen, die Öffentlichkeit vor allem über Social Media herstellen.

Leider gibt es keine empirischen Untersuchungen zum konkreten Ertrag der einzelnen memorialpropagandistischen Aktivitäten, die meisten dürften schlicht ins Leere laufen. Die auf Anhieb eher bizarr wirkende Idee, hochqualifiziertes wissenschaftliches Personal darauf anzusetzen, Parlamentarier in aufwändiger Ausführlichkeit über Jahrestage zu informieren, ist nichtsdestoweniger höchst plausibel. Tatsächlich kann ein passendes Jubiläum im Kampf um öffentliche Aufmerksamkeit für jedes politische Anliegen unter Umständen einen wichtigen Feldvorteil bedeuten, nicht zuletzt dann, wenn es darum geht, die Verteilung öffentlicher Gelder zu legitimieren.

Zwei von zahllosen Beispielen bieten die Kunstakademien in München und Nürnberg, die beide über Jahre wieder und wieder dringend nötige Erweiterungsbauten gefordert hatten, beim zuständigen Ministerium aber regelmäßig unter Hinweis auf die angespannte Haushaltslage abgeblitzt waren. Ausreichende politische Unterstützung für ein entsprechendes Bauprojekt zu mobilisieren, gelang ihnen erst in dem Moment, in dem sie 2008 beziehungsweise 2012 jeweils mit einem runden Gründungsjubiläum aufwarten konnten, das öffentliche Aufmerksamkeit versprach und damit einen Rahmen bot, in dem die Bewilligung der Gelder als Zeichen mäzenatischer Gesinnung weithin sichtbar werden würde.

Tatsächlich strukturieren Jahrestage die medialen Agenden auf allen Ebenen. Für die Zeitgeschichtsressorts sind sie eine feste Bezugsgröße, auch die Kulturberichterstattung folgt häufig dem Magnetismus runder Jahreszahlen, in diesem Jahr etwa kommt keine Redaktion an Rainer Werner Fassbinder vorbei. Bei den boomenden History-Formaten des Fernsehens ist in der Regel zumindest die Erstausstrahlung unmittelbar an Jahrestage geknüpft, auf dem Zeitschriftenmarkt haben historische Themenhefte eine feste Nische erobert, die vom Fall von Byzanz bis zu Preußens Gloria den Gedenkkalender kleinschrittig abarbeiten.

Verfolgt man die Verlagsankündigungen für historische Sachbücher, merkt man schnell, dass die Programmplanung für das gesamte Genre an den Takt gedenktagsfähiger Kalenderkonstellationen gekoppelt ist. Mittlerweile drängen zunehmend auch Fotobände in diese Nische, in diesem Jahr unter anderem mehrere mit historischen Aufnahmen vom Kriegsende 1945. Auch zeitgenössisches Stadtmarketing kann man sich ohne Jubiläumsbezug schon gar nicht mehr recht vorstellen, vom anhaltenden Boom historischer Sonderausstellungen ganz zu schweigen. Selbst im Wissenschaftsbetrieb kann ein passender runder Jahrestag hilfreich sein, um ein Forschungsprojekt, für das Fördergelder eingeworben werden müssen, noch ein wenig dringlicher erscheinen zu lassen. Dass die öffentliche Prominenz, die man in der akademischen Zeitgeschichte angesichts der medialen Dauerbereitschaft zu Jubiläumsberichterstattung mittlerweile erringen kann, unmittelbare Auswirkungen für die Stellung des Fachs und seine Zukunftsaussichten in den Verteilungskämpfen an den Universitäten hat, gehört ebenfalls hierher.

Die bemerkenswerte Jahrestagsfixierung unserer Gegenwart lässt unwillkürlich an die Hochzeiten des öffentlichen Geschichtskults in der zweiten Hälfte des 19. Jahrhunderts denken. Die zeitgenössischen Beobachter der damaligen, nicht weniger schwungvollen Gedenktagsvermehrung deuteten das Phänomen bevorzugt pathologisch. Schließlich waren sie davon überzeugt, dass ihre Epoche als Ganze von einer krankhaften Erinnerungssucht befallen sei. Typisch für das kulturkritische Event-Bashing, das sich daraus in der Regel ergab, ist das kleine, zornige Feuilleton über das »Jubiläumsfieber«, das der junge Münchner Schriftsteller Arthur Seidl im Jahr 1887 für den lebensreformerischen *Kunstwart* verfasste, die »Rundschau über alle Gebiete des Schönen«.

Nach Seidl befiel das Fieber vorwiegend Menschen, die den Kitzel »einschneidender, außergewöhnlicher Ereignisse« nötig hatten, um die »erbärmliche Prosa« ihres Alltagslebens »einigermaßen zu vergessen«. Das klingt mittlerweile ebenso befremdlich wie die Mahnung, die Krankheit werde nur vergehen, wenn aus dem Inneren des Volks wieder eine »wahrhaftige« Kultur erwachsen sei. Man darf allerdings nicht vergessen, dass Gedenk-

www.klett-cotta.de

Michael Grüttner
Brandstifter und Biedermänner
Deutschland und die Deutschen 1933–1939

607 Seiten, gebunden mit Schutzumschlag,
mit zahlreichen Abbildungen
€ 32,95 (D)
ISBN 978-3-608-94916-2

Selbstermächtigung einer Bewegung, Entmachtung der Gegner, Gleichschaltung des Staates. Und dennoch war das NS-Regime populär in der erschöpften deutschen Gesellschaft, die sich radikalisieren ließ und das offenkundige Unrecht hinnahm.

Klett-Cotta

tage, im Gegensatz zu heute, damals noch von aufwändigen öffentlichen Zeremonien, mit Festzügen, Blasmusik und allen möglichen anderen Volksbelustigungen begleitet waren, deren zwingende Beziehung zum jeweiligen Anlass des Gedenkens aus der emotional abgekühlten Perspektive des historischen Rückblicks nicht immer einleuchtet.

Gesteigerte Taktraten

Auf der Suche nach einer Erklärung für die massive Gedenktagskonjunktur unserer Tage wird in der Regel weit nüchterner auf die Orientierungs- und Entlastungsfunktion verwiesen, die eindeutig markierbaren Erinnerungsangeboten angesichts immer unübersichtlicherer Weltverhältnisse zukommt. Diese Behauptung wirft zwar einige heikle Anschlussfragen auf, etwa die, weshalb der Markt für Gedenkanlässe dann eigentlich überhaupt jemals Konjunkturschwankungen unterliegen kann. Schließlich nimmt der allgemeine Komplexitätsdruck ja nicht einfach mal zwischendurch ab. Dennoch ist die Überlegung vor allem in Hinblick auf die Logik medialer Berichterstattung nicht von der Hand zu weisen: Gelten bestimmte Jahrestage erst einmal als legitime Ankerpunkte öffentlicher Aufmerksamkeit, befreit das alle Akteure, die den medialen Diskurs mitgestalten, von der Begründungsnot, mit der sie sich bei der Themensetzung im Alltag chronisch herumplagen müssen.

Man sollte die Erklärungskraft dieses Kalküls aber besser nicht überschätzen. In meiner Zeit beim Hörfunk habe ich eine ganze Reihe von Kollegen kennengelernt, in der Regel waren es langjährige freie Mitarbeiter, die aus Gründen der Planungssicherheit oft schon im Frühsommer die verschiedenen Ressorts des Hauses mit einem Gedenkkalender des Folgejahres in der Hand abklapperten, auf dem sie die Geburts-, Todes- und Jahrestage markiert hatten, aus denen sich ihrer Überzeugung nach eine Berichtspflicht ableiten ließ.

Dass ihnen ihre Offensive regelmäßig Aufträge einbrachte, führten sie selbstverständlich auf das suggestive Potential der Gedenkansinnen zurück, für die sie den Zuschlag erhalten hatten. Bei näherer Überlegung ist dieser Schluss allerdings keineswegs zwingend. Die Annahme, dass der vermeintlichen Jahrestagsmagie bei den Verhandlungen eher Folklorecharakter zugekommen sein könnte, weil die meist wenig prominenten Sendeplätze ohnehin früher oder später mit irgendeinem Thema hätten besetzt werden müssen und sie als eingeführte Autoren mit einer Initiativbewerbung zwangsläufig gute Karten hatten, ist jedenfalls mindestens ebenso plausibel.

Die schiere Menge an historischen Jahrestagen aller Art ist nämlich schlicht zu groß, als dass mögliche Orientierungs- und Entlastungseffekte nicht jederzeit durch das reale Überangebot egalisiert würden. Schon die Autoren der Gründerzeit warnten vor einer Bedeutungsinflation durch die ständige Ausweitung gedenktagsfähiger Jahreszahlkonstellationen: »Sind erst einmal die Grundvesten der Zahlen 25, 50 und 100 erschüttert«, prophezeite Arthur Seidl, »dann giebt es auch keine Grenzen, keinen Damm mehr, welcher die maßloseste Jubiläumsflut noch einzudämmen vermöchte.« Dass er damit nicht ganz falsch lag, zeigt ein Blick auf den erwähnten parlamentarischen Jahrestagskalender, den sein Autor vor möglicher Kritik an mangelnder Vollständigkeit durch den Hinweis glaubte absichern zu müssen, er habe sich aus pragmatischen Gründen auf Ereignisse beschränkt, »die vor 200, 175, 150, 120, 100, 80, 75, 65, 60, 50, 40, 30, 25, 20, 15 und 10 Jahren stattfanden«.

In der Tat erhöht die kontinuierliche Vermehrung potentieller Gedenkanlässe zwangsläufig auch den aufmerksamkeitsökonomischen Druck und setzt so eine Dynamik in Gang, die die Hoffnung auf überschaubare Verhältnisse voraussetzt und sie doch zugleich ad absurdum führt. Natürlich kann man 2015 den 125. Jahrestag der Unterzeichnung des Helgoland-Sansibar-Vertrags (1. Juli), den 50. der Einführung elektronischer Briefsortieranlagen bei der Deutschen Bundespost (31. Mai), den 25. der Ablehnung des Beitrittsgesuchs der Türkei durch die Europäische Gemeinschaft (5. Februar) oder auch den 20. der Fernmeldeverkehr-Überwachungs-Verordnung (18. Mai) in vielen Zusammenhängen zum Thema machen. Aber man kann es ebenso auch bleiben lassen.

Erklärungsbedürftig ist deshalb nicht so sehr der allgemeine Reiz, der vom Impuls kalendarischer Wiederholung auf die Praxis kollektiver Erinnerung ausgeht. Hier ist schlicht eine bequeme Konvention am Werk, deren bindende Kraft dementsprechend gering ist. Auch die ständige Steigerung der Taktrate gibt, wie gesagt, keine wirklichen Rätsel auf. Erklärungsbedürftig wäre hingegen, weshalb ausgerechnet der Jahrestag x zum Zeitpunkt y auf öffentliche Aufmerksamkeit stößt und nicht ein beliebiger anderer. Auf Seiten der Programmverantwortlichen verschärft sich die Legitimationsproblematik ja erst dann signifikant, wenn sie befürchten, sie könnten ein Thema verpassen, das anderswo auf der großen Orgel gespielt wird, oder umgekehrt selbst auf eines setzen, das nirgendwo anders eine Rolle spielt.

Aus dieser Situation der wechselseitigen misstrauischen Beobachtung unter Medienakteuren, die ständig Überbietungsdrang und Konsensdruck gegeneinander ausbalancieren müssen und zugleich nur sehr wenig über ihr Publikum wissen, das nicht seinerseits wieder aus der Beobachtung des Mediengeschehens rückgeschlossen wäre, kommt es immer wieder unvermittelt zu rätselhaften Kettenreaktionen, Resonanzen und Selbstverstärkungseffekten, die die allermeisten Jahrestage verschlucken und dafür einigen wenigen ein Maß an öffentlicher Aufmerksamkeit bescheren, das so niemand vorhersehen konnte.

Und erst bei solchen Phänomenen – das gedenkpublizistische Dauerfeuer zu 1914 war so ein Fall – wird es analytisch wirklich interessant. Genau hier aber verfangen die üblichen Erklärungen post hoc leider nicht, die nämlich selten mehr anzubieten haben als die Behauptung, dieses oder jenes Thema habe nun einmal in der Luft gelegen. Wäre es wirklich so einfach, wären die Buchverlage, die im vergangenen Jahr nicht auf die aufmerksamkeitsbindende Ausstrahlungskraft von 1914, sondern auf die des Jahres 1814 gesetzt hatten, nicht auf so vielen, mit nicht weniger großen Erwartungen auf öffentliche Resonanz produzierten Büchern zum Wiener Kongress sitzen geblieben.

Es war einmal ...

Auch Museen spekulieren mit ihrem Erinnerungsangebot auf öffentliche Aufmerksamkeit, und auch dieses Marktsegment expandiert seit Jahren zuverlässig. Hält man sich an die Angaben des Instituts für Museumsforschung der Staatlichen Museen zu Berlin, das seit 1981 eine jährliche statistische Gesamterhebung zur Lage der deutschen Museen veröffentlicht, expandiert der Markt sogar enorm.

Von den Wachstumsraten der siebziger Jahre, als sich die Anzahl der Museen in der Bundesrepublik binnen eines Jahrzehnts fast verdoppelte, kann man heute zwar nur noch träumen. Aber im Vergleich etwa zur deutschen Theaterlandschaft, wo schon seit vielen Jahren fast nur noch von Rückbau und Schrumpfung die Rede ist, wirken die Zahlen dennoch beneidenswert. Waren für das Jahr 1998 noch 5376 Museumsstandorte erfasst, so wuchs diese Zahl bis 2013, also in nur 15 Jahren, um mehr als 18 Prozent auf 6358.² Die Zahl der Museumsbesuche ging im selben Zeitraum in ähnlichem Maße nach oben. 2013 lag sie mit über 110 Millionen etwas unter dem Wert des Vorjahrs, das bedeutet aber immer noch einen Zuwachs von satten 16 Prozent.

Doch die gewaltigen Besuchermassen verteilen sich keineswegs auf alle Häuser gleichmäßig, auch hier stehen wenigen Gewinnern viele Verlierer gegenüber. Am meisten profitieren regelmäßig die großen, prestigereichen Museen in touristisch attraktiven Metropolen, die einen winzigen Bruchteil der Gesamtzahl der deutschen Museen ausmachen, aber überproportional Zugewinne erwirtschaften. Allein das Deutsche Museum in München zählte 1,4 Millionen Besuche, das Berliner Pergamonmuseum über 1,2 Millionen. Über die Hälfte der deutschen Museen – die meisten davon sind Volkskunde- und Heimatmuseen – verkaufen hingegen pro Jahr unter 5000 Karten.

Der Erfolg der Big Player hat nicht allein mit den in der Regel entsprechend hochwertigen Sammlungen zu tun, sondern wesentlich auch damit, dass diese sich parallel dazu die Art aufwändig inszenierter und vielfältig vermarktbarer temporärer Sonderausstellungen leisten können, die schon seit Anfang der neunziger Jahre eines der verlässlichsten Zugpferde des ebenfalls expandierenden internationalen Städtetourismus sind.

Die Anziehungskraft der großen Sonderausstellungen setzt wiederum die kleineren Bewerber unter Druck, ähnlich außenwirksame Events auf die Beine zu stellen. Das ist schon deshalb fatal, weil die wenigsten auch nur annähernd unter vergleichbaren Rahmenbedingungen arbeiten. Das betrifft nicht nur die Qualität der Sammlungen und die Attraktivität der Standorte. Die weitaus meisten deutschen Museen leiden seit Jahren, wenn nicht Jahrzehnten unter struktureller Unterfinanzierung. Seitdem die Zinserträge so niedrig sind, betrifft das nicht mehr nur die ohnehin dauerklamme Mehrheit der kommunalen Museen, sondern zunehmend auch solche in Trägerschaft privater Stiftungen. Da Sonderausstellungen und andere Aktivitäten zur Förderung der Außenwirksamkeit Personal binden, rutschen Aufgaben wie die Beforschung und Pflege der Sammlungen, bislang das museale Kerngeschäft, zwangsläufig an die Peripherie. In einigen Bundesländern ist der dafür zuständi-

---

2 Ob und in welchem Umfang auch Häuser geschlossen werden, geht aus der statistischen Gesamterhebung leider nicht hervor.

ge wissenschaftlich ausgebildete Mittelbau schon derart ausgedünnt, dass man die Positionen an Volontäre vergibt, von denen damit erwartet wird, dass sie die Expertise, die ihnen in einem solchen Ausbildungsverhältnis eigentlich vermittelt werden sollte, bereits mitbringen.

Der Ausstattungsstandard, an den das Publikum durch das museologische Wettrüsten des Sonderausstellungswesens mittlerweile gewöhnt ist, liegt für die Mehrzahl der Häuser somit außerhalb jeder Reichweite. Selbst wenn sie sich die Anschaffung von Medienstationen, interaktiven Audioguides, 3-D-Simulationen, computergesteuerter Beleuchtungstechnik, Augmented-Reality-Spielen oder die Programmierung von Apps leisten könnten, wären sie nicht in der Lage, das Angebot dauerhaft up to date zu halten. Die meisten sind schon froh, wenn sie genügend Personal dafür haben, ihre Website regelmäßig zu aktualisieren.

Einen ähnlich großen Zulauf wie mit Sonderausstellungen erreicht man ansonsten nur noch durch spektakuläre Neu- und Erweiterungsbauten oder radikale Umgestaltungen der Präsentation. Aber auch das können sich nur die wenigsten Standorte leisten. Die Chancen, an künftigen Besucherzahlsteigerungen teilzuhaben, sind also von vornherein äußerst ungleich verteilt. Gleichwohl sind die Renditehoffnungen, die sich mit Investitionen in Museumsprojekte verbinden, vielerorts weiterhin so hoch, dass trotz desparater Haushaltslage immer wieder Mittel freigemacht werden.

In Kassel etwa wird Anfang September 2015 die »Grimmwelt« eingeweiht, eine museale »Mitmach- und Erlebniswelt für die ganze Familie«, die das internationale Renommee der Brüder Grimm touristisch ausbeuten soll. In den offiziellen Werbeflyern wird das durchaus offensiv vorgetragen: »Für die Stadt Kassel«, heißt es da, »ist die GRIMMWELT eines der wichtigsten kulturwirtschaftlichen Projekte der kommenden Jahre.« Das Kalkül ist nachvollziehbar. Kassel besitzt einige bedeutende Museen, sie sind aber, ähnlich wie die örtliche Hotellerie, nur alle fünf Jahre wirklich ausgelastet, wenn nämlich die Stadt durch die documenta zum internationalen Kulturreiseziel wird. Der Gedanke, angesichts dessen eine weitere »international bedeutsame Kulturmarke« zu installieren, um die vierjährige touristische Dürrezeit zu überbrücken, ist somit sicher nicht per se verkehrt.

Nun ist die Popularität der grimmschen Volksmärchen zweifellos hoch, auch wenn sie sich bislang eher im Umfeld von Märchenwäldern als Attraktionsfaktor bewährt hat. Das *Deutsche Wörterbuch* genießt zumindest in kulturaffinen Milieus große Wertschätzung. Und womöglich gibt die international erfolgreiche NBC-Fernsehserie *Grimm*, die seit 2011 »inspired by the classic Grimm Brothers' Fairy Tales« Fantasy und Mystery zusammenrührt, dem Unternehmen ja zusätzlichen Rückenwind. Ob das allein hinreicht, um derart hochgesteckte Renditeerwartungen zu erfüllen, muss sich allerdings erst noch erweisen. Die touristische Sogwirkung des Vorgängermuseums, das von 1959 bis 2014 Leben und Werk der Grimms in Kassel präsentierte, war mit zuletzt gut 30 000 Besuchern pro Jahr so hoch, wie man es von einer Sammlung aus Büchern, Autographen und persönlichen Erinnerungsstücken bestenfalls erwarten kann.

Die »Grimmwelt«, die diese Exponate geerbt hat und einen Teil davon in die neue Ausstellung zu integrieren verspricht, soll nun aber jährlich bis zu 100 000 Besucher anziehen. Im Rahmen eines traditionellen Literaturmuseums ist das kaum zu bewerkstelligen. Neben einem architektonisch ambitionierten Neubau in exponierter Lage setzt die »Grimmwelt« deshalb auf aufwändige Szenografie und ein ausgefeiltes Vermittlungskonzept. Die inszenatorischen Mittel, um künftigen Besuchern die grimmsche Gelehrtenwelt näherzubringen, orientieren sich am Vorbild zeitgenössischer Medien- und Installationskunst und dem technischen Apparat der Science Center. Das Anspruchsniveau des Projekts liegt ebenso im oberen Luxussegment wie der Aufwand, der dafür betrieben wird. »Wertvolle Originale, Film und Ton, künstlerische Installationen, multimediale und Mitmach-Angebote versprechen ein spannendes Erlebnis«, heißt es im Kasseler Marketing-Sprech, als müsse ein Flugsimulator beworben werden. Allein mit der Konzeption des 1600 Quadratmeter großen Ausstellungsparcours war ein mehrköpfiges Expertenteam, darunter auch wissenschaftliche Mitarbeiter, fast drei Jahre lang beschäftigt.

Schon dass die Bezeichnung »Museum« aus dem Namen der Nachfolgeinstitution verschwunden ist, zeigt an, dass hier ein Hybridwesen entsteht: ein Museum, das den Mangel an erstklassigen Exponaten durch ambitioniertes Infotainment wettzumachen versucht. Museumspuristen werden allein beim Gedanken an eine solche Kombination vor Schmerz aufheulen. Aber das Experiment ist natürlich schon deshalb hochinteressant, weil es spannend sein wird zu beobachten, ob es gelingen kann, das Faszinosum des grimmschen Werks, das maßgeblich auf Gedachtem und Geschriebenem basiert, einem breiten Publikum über Schaumedien zu vermitteln.

Wie groß die museologische Herausforderung ist, zeigt der Imagefilm der Stadt zur »Grimmwelt«: Porträtfotos und Bibliotheksregale werden nun einmal weder attraktiver noch aussagekräftiger, wenn über sie animierte Buchstabenregen zu Filmmusikklängen niedergehen.[3] Wie groß die unternehmerische Herausforderung ist, zeigt ein anderes, konzeptionell sehr ähnliches kulturtouristisches Renommierprojekt, das »Wortreich« in Bad Hersfeld, keine 70 Kilometer von Kassel entfernt. Auch dort beansprucht man, das geistige Erbe der Brüder Grimm zeitgemäß zu verwalten, auch dort setzt man auf szenografische Superlative und Multimedia.

Die 1200 Quadratmeter große »Wissens- und Erlebniswelt« mit »über 90 Mitmachexponaten für jede Altersklasse« eröffnete im Oktober 2011 auf einem ehemaligen Industriegelände am Altstadtrand. Die Kommune beteiligte sich mit fast 6 Millionen Euro an den Kosten. Bei den Planungen ging man noch optimistisch davon aus, jährlich 120 000 Besucher für die »spannende Reise durch die Welt der Kommunikation« gewinnen zu können. Im ersten Jahr kamen etwas mehr als die Hälfte. Ende 2012 war der private Betreiber pleite. Seither muss die Stadt die Verluste alleine schultern.

---

3 www.stadt-kassel.de/projekte/grimm-welt/

Über Hitlers München

Von Wolfgang Martynkewicz

Lange Zeit stand München in Sachen deutsche Gedenkstättenkultur zum Nationalsozialismus im Schatten. Als man in Berlin das monumentale Stelenfeld am Brandenburger Tor errichtete, fühlte man sich in München nicht weiter herausgefordert, schließlich hatte Berlin als ehemalige Reichshauptstadt eine besondere Verantwortung. Außerdem konnte man in München auf die Gedenkstätte in Dachau verweisen, die freilich nicht mit dem Holocaust-Mahnmal zu vergleichen ist – aber, immerhin, ein »authentischer Ort«, an dem der Opfer gedacht wird.

Als dann jedoch die Orte der Täter in den Mittelpunkt des Interesses rückten, geriet man in München in Zugzwang. Mit der Dokumentation »Topographie des Terrors« auf dem Gelände der früheren Gestapo-Zentrale hatten die Berliner wieder einmal die Nase vorn. Bei der Eröffnung des Neubaus 2010 steckte man in München noch in der Planungsphase für ein NS-Dokumentationszentrum. 2009 hatte die Stadt – nach vielen, quälenden Diskussionen und »sanftem« Druck von außen – einen Architektenwettbewerb veranstaltet, ein Jahr später folgte der zustimmende Beschluss des Stadtrats zum Projekt.

Nun steht er also da, der Kubus aus Weißbeton mit seinen sechs Etagen und einer Kantenlänge von 22,50 Metern, über die Ecken hat man Fassadenöffnungen eingeschnitten, vertikale Betonlamellenfenster, die über zwei Stockwerke reichen und an Kühlrippen erinnern. Kälte und Distanz gehen von dem Gebäude aus, das da errichtet wurde, wo einst das »Braune Haus« stand. Die Nazis hatten 1930 das vormalige Palais Barlow in der noblen Maxvorstadt zu ihrer Parteizentrale erkoren. Sukzessive wurde das ganze Areal um den Königsplatz von Hitlers erstem Architekten Paul Ludwig Troost umgestaltet: Der »Führerbau«, die Verwaltungsgebäude der NSDAP sowie die beiden »Ehrentempel« für die Toten des Hitlerputsches vom 9. November 1923 wurden in das klassizistische Ensemble eingefügt. Mitten in der Stadt entstanden ein Aufmarschplatz, eine Weihestätte und ein Verwaltungsbezirk.

Von alledem ist heute nicht mehr viel zu sehen. Geblieben ist der »Führerbau« (die heutige Hochschule für Musik und Theater), geblieben sind auch die Reste der »Ehrentempel«, die lange Zeit überwachsen waren und nun zur Einweihung des Dokumentationszentrums teilweise vom Grün befreit wurden.

Ein weißer Würfel auf »vermintem Gelände«. Kann das gutgehen? Das Gebäude, so Bettina Georg vom Berliner Architektenteam, ziele nicht primär auf eine Bedeutung oder »einen Symbolgehalt ab«, der Hauptgedanke sei vielmehr »Reduktion auf das Wesentliche«. Der Bau schaffe »eine überzeitliche Ebene der Wahrnehmung« und ermögliche »die Konzentration auf die eigentlichen Inhalte«.[1] Auch Hitler hatte bekanntlich die überzeitliche Bedeutung von Architektur und Kunst im Blick, er sprach vom »Ewigkeits-

---

[1] Bettina Georg zit. n. Maik Novotny, *NS-Dokumentationszentrum München. Kühle Distanz zum kalten Grauen.* In: *Der Standard* vom 24. Mai 2015.

wert« und meinte damit eine von Mode und Stil befreite Kunst.²

Aber lassen wir das einmal beiseite. Ist es denn wirklich so, dass dieses Gebäude »die Konzentration auf die eigentlichen Inhalte« ermöglicht und sich dem Zweck, einen »Lern- und Erinnerungsort« zu schaffen, unterwirft? Wenn dies gewollt und beabsichtigt war, warum verlegt man dann gerade den Seminarbereich in den Keller? Für die Initiatoren und Planer standen die Räume für Diskussionen offenbar nicht so sehr im Vordergrund, sie hatten andere Prioritäten, sie wollten ein »deutlich sichtbares Zeichen« setzen.³ Durch die Architektur, so heißt es in den Vorgaben zum Wettbewerb, soll ein »fundamentaler Bruch mit der Geschichte des Standortes ... kenntlich« gemacht werden.⁴ Nichts sollte auch nur im Entferntesten an die Architektur der »dunklen« Vergangenheit erinnern. Von einem »Kontrapunkt zu Hitlers Bauten« ist die Rede.⁵ Doch wollte nicht auch Hitler mit seiner Architektur ein Zeichen setzen? Sollte die Architektur der »neuen Zeit« nicht aus einem »Bruch« mit der »Verfallszeit« hervorgehen? Bei der großen Freude über den neuen Bau scheinen sich solche Fragen zu verbieten – Hauptsache »Kontrapunkt«. Warum aber muss der Bruch mit der Vergangenheit so spektakulär betont werden? Um diese Frage zu beantworten, muss man eine andere Frage einbeziehen, von der sich auch die Ausstellungsmacher inspirieren ließen.

Warum München?

Im Katalog des Dokumentationszentrums spielt diese Frage in vielen, aber längst nicht allen Beiträgen eine bedeutsame Rolle. So instruktiv einige Aufsätze sind,⁶ sie hätten auch in anderen Sammelbänden zum Thema stehen können, eine Zuspitzung auf die Münchner Verhältnisse ist nur schwer zu erkennen. Doch war eine solche Fokussierung offenbar gar nicht beabsichtigt. In vielen Beiträgen wird betont, dass der Aufstieg Hitlers in München aus der Binnenperspektive nicht zu verstehen sei. Die besonderen Bedingungen des Ortes seien allenfalls in der Anfangsphase von Bedeutung gewesen, dann aber sei aus dem Münchner ein deutsches Phänomen geworden.

So argumentiert auch Hans Günter Hockerts in seinem einleitenden Aufsatz. War es, so fragt er zunächst, ein »topographischer Zufall«, oder wie erklärt sich der »Ursprung« des Nationalsozialismus

---

2 Vgl. Boris Groys, *Das Kunstwerk Rasse*. In: Robert Eikmeyer (Hrsg.), *Adolf Hitler: Reden zur Kunst- und Kulturpolitik. 1933–1939*. Frankfurt: Keller 2005.
3 Winfried Nerdinger, *Einführung*. In: Winfried Nerdinger u. a. (Hrsg.), *München und der Nationalsozialismus. Katalog des NS-Dokumentationszentrums München*. München: Beck 2015.
4 *NS-Dokumentationszentrum in München. Vom Realisierungswettbewerb zur Grundsteinlegung*. Hrsg. v. d. Landeshauptstadt München 2012.
5 Ernst Eisenbichler, *NS-Dokuzentrum eröffnet*. Bayerischer Rundfunk am 2. Mai 2015.

6 Ute Frevert, *Glaube, Liebe, Hass. Die nationalsozialistische Politik der Gefühle*; Elizabeth Harvey, *»Geschlechterordnung« und »Volksgemeinschaft« im Nationalsozialismus*.

in München?[7] Diese Fragen wurden in der Vergangenheit, so Hockerts, viel zu pauschal beantwortet, man unterstellte eine weitgehend homogene Münchner Stadtgesellschaft, in Wirklichkeit aber handelte es sich um »gegensätzliche sozialkulturelle Milieus«, neben »fördernden Faktoren« habe es darum »immer auch abwehrende Kräfte« gegeben. »›München‹ ist eine Chiffre, die für vieles stehen kann.«

Zustimmend zitiert Hockerts die von Marcel Reich-Ranicki beschriebene Spannweite: In München wurde »die NSDAP gegründet und der *Zauberberg* geschrieben«. An diesem Ort, meint Hockerts, war einiges möglich, Barbarei und auch Kultur. Aber wie schrieb schon Thomas Mann 1914: »Kultur ist offenbar nicht das Gegenteil von Barbarei; sie ist vielmehr oft genug nur eine stilvolle Wildheit … Kultur ist Geschlossenheit, Stil, Form, Haltung, Geschmack, ist irgendeine gewisse geistige Organisation der Welt, und sei das alles auch noch so abenteuerlich, skurril, wild, blutig und furchtbar.«[8]

Hockerts versucht, die Seiten zu trennen, Linien zu ziehen, Einteilungen vorzunehmen – das Phänomen »München« sei komplex. Gleich eingangs stellt er die Behauptung auf, »dass der Nationalsozialismus kein exklusives Erzeugnis der Münchner Gesellschaft war, sondern ein Produkt der deutschen Gesellschaftsgeschichte«. Mit dieser Erweiterung der Perspektive ist das Phänomen »München« auf eine andere Ebene gehoben worden: München wird nicht als Nukleus in den Blick genommen, sondern als Ort mit bestimmten »Besonderheiten«, die es zum Teil nur in München, zum Teil aber auch andernorts gab.

Solche bayerischen »Besonderheiten« und »Sonderwege« sind in der Forschung immer wieder thematisiert worden – Hockerts lässt sie noch einmal Revue passieren: die deutsche Revolution von 1918/19 und die »gegenrevolutionäre Bewegung«, die das politische Klima in der Stadt verändern sollte; »das scharf ausgeprägte Konfliktverhältnis zwischen Bayern und dem Reich, zwischen München und Berlin«; der Kampfbegriff von der »Ordnungszelle Bayern«, mit dem das vermeintliche Chaos der Weimarer Republik und das »rote« Berlin diffamiert wurden; rechte und antisemitische Gruppen, die sich im Münchner Umfeld so kräftig entfalten konnten »wie sonst nirgends in Deutschland«.

Das alles trug zu einer gewissen Milieubildung bei, die Hitlers Aufstieg begünstigte und der NSDAP ein Wählerreservoir verschaffte. Der »braune Wählerkern«, stellt Hockerts fest, war anfangs groß, habe sich dann aber weniger stark entwickelt als »anderswo«. Daraus zieht der Autor den Schluss: »Die ›Marke NSDAP‹ wurde in München geprägt, doch die Nachfrage kam aus ganz Deutschland. Erst diese Anschlussfähigkeit, die den Blick auf die Besonderheiten des Ursprungsorts relativiert, hat die dynamische Entwicklung der NSDAP und ihren Durchbruch zur Macht ermöglicht.«

Warum aber werden durch die Tatsache, dass Hitler später auch in anderen Ge-

---

[7] Hans Günter Hockerts, *Warum München? Wie Bayerns Metropole die »Hauptstadt der Bewegung« wurde*. In: *München und der Nationalsozialismus*.
[8] Thomas Mann, *Gedanken im Kriege*. In: Ders., *Von Deutscher Republik. Politische Schriften und Reden in Deutschland*. Frankfurt: Fischer 1985.

bieten des Deutschen Reichs Wahlerfolge aufzuweisen hatte, »die Besonderheiten des Ursprungsorts relativiert«? Und sind die Wahlergebnisse der NSDAP in München überhaupt ein zuverlässiger Indikator, um den Einfluss Hitlers und seiner Bewegung abzuschätzen? Kann man denn sagen, Hitler hatte auch anderswo Erfolg, also sind nicht nur die Münchner schuld, auch andere sind »hereingefallen« und ließen sich verzaubern? Oder ist das ein Entlastungsversuch?

Nun ist gegen »erweiterte Perspektiven« an sich nichts einzuwenden, und sicher kann man dem Autor zustimmen, dass die Chiffre »München« komplex ist, doch steht sie in den Jahren, in denen Hitler in München zum Volkstribun wurde, wirklich für »vieles«? Auf Thomas Mann kann man dabei sicher nicht verweisen, denn er hat sich in den zwanziger Jahren nachdrücklich von den geistfeindlichen Tendenzen der Stadt distanziert: *Sein* München, das München der Jahrhundertwende, erkannte er in dieser Zeit nicht mehr wieder, und er fragte sich, ob hier noch länger zu leben sei.[9]

Ist München nicht gerade eine Chiffre dafür, wie Barbarei und Kultur zusammengekommen sind? Hier waren die bildungsbürgerlichen Eliten nicht lediglich Steigbügelhalter, die mit Geld und Geschenken Hitlers Weg zur Macht beförderten oder ihn, wie immer wieder betont wird, »salonfähig« gemacht haben. Diese Eliten positionierten sich bereits um 1900 selbständig und selbstbewusst als Kritiker der zivilisatorischen Moderne und beklagten wortreich die Seelenlosigkeit der Zeit. Ausgeschlossen von der politischen Teilhabe, lebten sie in Distanz zur wilhelminischen Gesellschaft, gegen die sie nicht zuletzt aus ästhetischen Gründen Vorbehalte hatten.

Dabei verstanden sie sich durchaus als innovatorisch und kultivierten das Gefühl, die »wahren Modernen« zu sein. Ein elitäres Modernitätsbewusstsein und die gleichzeitige Kritik an der Moderne vertrugen sich nicht nur gut, gerade aus ihrer Verbindung entwickelte sich eine »Epochensehnsucht«, die das Münchner Bürgertum beflügelte: Man sehnte sich vor dem Ersten Weltkrieg nach einer »Änderung von Grund auf« (Joachim Fest). Dass es so, wie es ist, nicht weitergehen konnte, war die vorherrschende Meinung jener, die im Vorfeld des Krieges bereit waren, auf die reinigende Kraft der Apokalypse zu setzen und auf ein »neues Jerusalem« zu hoffen.

Man glaubte an Wiedergeburt und Aufbruch, doch bevor es so weit ist – das war den meisten klar –, führt der Weg durch ein Tal der Tränen. Erst danach kann die grundlegende Erneuerung der Gesellschaft erfolgen. Diese Erneuerungsarbeit – auch das wurde allgemein so gesehen – würde aber kein »gewöhnlicher« Politiker leisten können, keiner, der zum Establishment gehörte, es musste ein Fremder sein, eine cäsarische Herrscherpersönlichkeit. Dies gehört zur Vorgeschichte des Nationalsozialismus, die aber in Ausstellung und Katalog keine Rolle spielt, hier beginnt alles 1914, mit dem Krieg: Warum eigentlich?

Schon um 1900 spricht dieses Bürgertum von »Entartung« und »Volksgemeinschaft«, es fordert »Ausgrenzung« und

---

9 Thomas Mann, *Rede zur Eröffnung der »Münchner Gesellschaft 1926«*. In: *Von Deutscher Republik*.

»Selektion«, um die Gesunden zu schützen. Das Denken in Kategorien von Rasse und Eugenik, von Zucht und Züchtung, war damals allerdings alles andere als rückwärtsgewandt und reaktionär, sondern gehörte zu einer Moderne, die den Traum vom »neuen Menschen« träumte, von einem kommenden Geschlecht, das stärker und edler sein sollte.

Und in München träumte man heftiger als anderswo, hier machte um 1900 Chamberlains *Grundlagen des XIX. Jahrhunderts* Furore. Bevor das Opus vom Kaiser höchstpersönlich geadelt wurde, legte sich die Münchner Stadtgesellschaft ins Zeug, allen voran die Kulturzeitschrift *Jugend*, wo der Autor sich schon früh einen Namen gemacht hatte. Da war es nur konsequent, dass sich 1907 auch in München eine »Gesellschaft für Rassenhygiene« gründete und geradezu sprunghaft entwickelte.

In dieser Zeit wird die Sprache geprägt, die der Gewalt vorausging. Eine Sprache, die die Nazis ernst genommen und in die Tat umgesetzt haben. Dabei ist zu fragen, ob man die Sprache des Hasses und die Taten so klar voneinander unterscheiden kann, wie man es zuweilen zu tun pflegt. Zielt nicht das Sprechen, wie Judith Butler sagt, immer schon auf »Effekte« ab, kalkuliert es sie nicht ein? Die sprachliche Äußerung, so Butler, »kündigt nicht nur die kommende Handlung an, sondern zeigt eine bestimmte Kraft in der Sprache auf, eine Kraft, die eine nachfolgende Kraft sowohl ankündigt wie bereits einleitet«.[10]

Mit dem Verweis auf Geschenke und Salonfähigkeit wird man dem, was hier zu erklären wäre, nicht gerecht. Hockerts schreibt, dass Hitler »nach kurzer Haft« seine Karriere als Politiker fortsetzen konnte. Das ist nicht nur die halbe Wahrheit, das ist ein Euphemismus, denn Hitler setzte ja *in* der Haft, mit dem Wohlwollen der bayerischen Behörden, seine Karriere fort. Er hielt – man schaue sich nur die Besucherlisten an – in Landsberg Hof und benutzte die Haft, um sich als Kämpfer und Märtyrer zu stilisieren. Er benutzte sie aber vor allem auch dazu, sein Manifest *Mein Kampf* zu schreiben.

Nicht Hitlers stilistische Fähigkeiten trugen zum Erfolg des Buches bei, sondern die literarisch versierten Eliten, sie recherchierten das Material und boten sich bereitwillig als Ghostwriter an.[11] Davon aber findet man in dem Katalog nichts. Man beschränkt sich darauf, die üblichen Verdächtigen zu nennen, so unter anderem die Helfershelfer aus der bildungsbürgerlichen Elite: Ernst Hanfstaengl, Elsa und Hugo Bruckmann, Helene und Edwin Bechstein ... Tatsache ist, dass die ins Feld geführte heterogene Stadtgesellschaft zeitweilig eben doch zu einem »einheitlichen Akteur« (Hockerts) wurde. Man muss dazu nur die Auftritte Hitlers im Zirkus Krone näher unter die Lupe nehmen, wo ihm viele Tausend Menschen zujubelten, die, auf Fotos unschwer zu erkennen, aus ganz unterschiedlichen Gesellschaftsschichten stammten. War es nicht, mit Hannah Arendt zu sprechen,

---

10 Judith Butler, *Haß spricht. Zur Politik des Performativen*. Frankfurt: Suhrkamp 2006.

11 Vgl. Othmar Plöckinger, *Geschichte eines Buches. Adolf Hitlers »Mein Kampf«. 1922–1945*. München: Oldenbourg 2006.

das »zeitweilige Bündnis zwischen Mob und Elite«,[12] das »München« möglich machte?

Genius loci

Für Hannah Arendt setzt sich der »Mob« aus »allen Deklassierten« zusammen: »In ihm sind alle Klassen der Gesellschaft vertreten.« So heterogen die Deklassierten sind, in einem, so Arendt, sind sie sich einig: im Hass auf die bürgerliche Gesellschaft, aus der sie »ausgeschlossen« sind, und auf das Parlament, in dem sie »nicht vertreten« sind. Die Deklassierten können nur außerhalb der Institutionen handeln. Aus dieser Not machen sie eine Tugend, indem sie die bürgerliche Gesellschaft verachten und nicht danach streben, in ihr aufzusteigen.

Als Hitler 1913 nach München kam, gehörte er zu diesen Deklassierten. Ihm war bis dahin, so der Biograf Konrad Heiden, »nicht der bescheidenste Erfolg geglückt«.[13] Gleichwohl hätte er sich, wie viele junge Menschen damals, mit der bürgerlichen Welt nicht abfinden können. Sie bot ihm nur die Möglichkeit, als Vagabund, Bohemien oder Künstler zu leben. Denn die Welt vor dem großen Krieg »war eine Welt der Ordnung und des Friedens«, »Abenteurer und Kämpfer« konnte sie nicht gebrauchen, sie verlangte Arbeit – und nur »gegen Ablieferung von Arbeit gab es Existenz, für Kämpfer und Abenteurer dagegen gab es das Gefängnis«. Karriere war das Zauberwort, aber dafür hatte Hitler, so Heiden, kein »brauchbares Talent«. Im »Blutnebel des Jahres 1919« tauchte aber plötzlich eine ganz »neuartige Chance« auf: »politischer Bandenführer«.

In der Welt vor dem Krieg war Hitler auf das Leben eines Bohemiens verwiesen. In München fand er dazu ideale Bedingungen, hier hatte man von jeher ein Faible für die Boheme und den künstlerischen Lebensstil, hier war die (künstlerisch-literarische) Boheme beheimatet, man hatte sich nicht nur an sie gewöhnt, man liebte die genialen Talente und ihre großsprecherischen Attitüden. So wie man gewisse Grenzüberschreitungen liebte; Begriffe, die anderswo verpönt waren, wie Rausch und Ekstase, gehörten hier zum Brauchtum einer lebendigen Volkskultur.

Um 1900 war München ein Anziehungspunkt für eine buntgefächerte Boheme, hier konnten Männer, insbesondere aber auch viele junge Frauen alternativ leben. Sie kamen aus bürgerlichen Familien, brachen aus der Ehe aus, verachteten Beruf, Karriere und Aufstieg. Schwabing, das Franziska zu Reventlow als »Wahnmoching« titulierte, war kein Ort, sondern ein »Zustand«, eine »geistige Bewegung«, aber auch ein »Protest«, insbesondere aber ein neuer »Kult«, dessen zentrales Element das Dionysische sein sollte, ein Element, das in München schon von jeher »Kult« war.

Nicht von ungefähr machte die Boheme dem Münchnertum Avancen und sprach in den höchsten Tönen von der Stadt, freilich muss man genau hinhören, um die Zwischentöne zu vernehmen: »Hier wurde alles menschlicher, in einem fast grie-

---

12 Hannah Arendt, *Elemente und Ursprünge totaler Herrschaft*. München: Piper 1986.
13 Konrad Heiden, *Adolf Hitler. Das Zeitalter der Verantwortungslosigkeit. Ein Mann gegen Europa* (1936). Zürich: Europa 2011.

chischen Verstande sinnenhafter, hier kam man ›zu sich‹, hier fielen die Hemmungen von Herkunft, hier mochte man sich geben oder bewahren, hier war Licht und helle hohe Luft, Freiheit und Einsamkeit für jeden, den danach verlangte.«¹⁴

So Karl Wolfskehl, der »König von Schwabing«, über München. Er beschwor den Glanz vergangener Tagen, als München »leuchtete« und so etwas wie ein autonomer »Künstlerstaat« war. Für Wolfskehl hat die Stadt ein »einzigartiges Fluidum«, und dieses hat zu tun mit dem *genius loci*, einem Mitwirken von Kräften, die hier gewissermaßen im »Mutterboden« liegen, die »urbürtige« Münchner Kultur ist geprägt durch ein mit den »Erdkräften verwurzeltes Dasein«. So gesund und fruchtbar dieser Boden angeblich ist, das von Wolfskehl in hohen Tönen gelobte »prächtige Münchner Volkstum« weiß mit diesen Kräften allein wenig anzufangen. Einzig das »koloniale München, das Geistmünchen« ist in der Lage, den verborgenen Energien Gestalt zu geben. Die Nichtmünchner, die Zugereisten, sind »die Darsteller, die Ausführer, die Verwirklicher jener im Münchner Wesen, im Münchner *genius loci* gebundenen Kräfte«.

Auch Wolfskehls Freund und Meister Stefan George gehörte zu den München-Enthusiasten, auch er nutzte die Kraftquelle des gesunden Münchner Bodens und residierte immer wieder in der Stadt. Als sich sein Mitarbeiter Melchior Lechter einmal kritisch zur Isarmetropole äußerte, wies er ihn harsch zurück: »Eben trifft Ihr brief ein. was beginnen Sie mit einem schelten auf die Bierstadt? davon seh *ich* überhaupt nichts. München ist die einzige stadt der Erde ohne ›den bürger‹ hier giebt es nur volk und jugend. Niemand sagt dass diese immer angenehm sind. Aber tausendmal besser als dieser Berliner mischmasch von unterbeamten, juden und huren!«¹⁵

Die bizarren Inszenierungen, die Stefan George mit seinen Jüngern in München veranstaltete, sie hätten in Berlin aufgesetzt gewirkt. In München aber erregten sie Aufmerksamkeit, sie wurden ernst genommen. Eine Gruppe wie die Kosmiker (zu der neben Wolfskehl und George auch Ludwig Klages und Alfred Schuler gehörten), die den gründerzeitlichen Fortschrittsglauben ablehnte, von der Revitalisierung antiker Religionen träumte, einen heidnischen Eros und die »Blutleuchte« propagierte, konnte nur hier gedeihen. Ludwig Klages nennt München eine »Oase« in der entfremdeten Welt, die Menschen seien hier noch nicht von »großstädtischer Zersetzung« angekränkelt«.¹⁶

München war in der Vorkriegszeit ein Sammelbecken für Propheten, Weltverbesserer, Erlöser und Heilsbringer jeglicher Couleur – eine heterogene Gemeinschaft von Deklassierten und Zivilisa-

---

14 Karl Wolfskehl, *Das unsterbliche München*. In: Ders., *Gesammelte Werke*. 2. Bd. Hrsg. v. Margot Ruben u. Claus Victor Bock. Hamburg: Claassen 1960.

15 Stefan George an Melchior Lechter im April 1905. In: Günter Heintz (Hrsg.), *Melchior Lechter und Stefan George. Briefe*. Stuttgart: Hauswedell 1991.

16 Ludwig Klages, *Einführung des Herausgebers*. In: Ders. (Hrsg.), *Alfred Schuler. Fragmente und Vorträge. Aus dem Nachlass*. Leipzig 1940.

tionsflüchtlingen, die mit dem »Untergang des Abendlandes« spekulierten. Ihre Wortführer kamen vor allem aus jener literarisch-künstlerischen Boheme, in der es zum guten Ton gehörte, sich von aller Seriosität loszusagen, sich am Abnormen zu berauschen und Phantasmen aller Arten auszubilden.

Es war dieses Potential, das auf die bildungsbürgerliche Elite die größte Anziehungskraft ausübte. Gern ließ man sich vom Gestus der verbalradikalen Helden, die sich als Genies ausgaben, faszinieren und lud sie in die Salons ein – sie waren »salonfähig«, noch bevor Hitler die Stadt betreten hatte. Als die freischwebenden Intellektuellen aus der Boheme daran gingen, die »Respektabilität der guten Gesellschaft zu entlarven«, löste das bei der Elite echtes »Vergnügen« aus (Arendt). Nicht die Deklassierten eigneten sich die Ideen der geistigen und künstlerischen Elite an, sondern – umgekehrt – die Ideen und »Theorien« der Deklassierten wurden von den Bildungsbürgern ernst genommen und eifrig rezipiert. Dass diese »Theorien« im akademischen Betrieb auf Ablehnung stießen, war kein Hinderungsgrund – im Gegenteil, von der wissenschaftlichen Zunft verachtet und zurückgewiesen zu werden, galt als Zeichen von Originalität. Als diese Elite später davon hörte, dass man Hitler an der Akademie für Bildende Künste in Wien zurückgewiesen hatte, sprach das für ihn und gegen die Institution.

Das zeitweilige Bündnis zwischen der Elite und den Deklassierten hatte sein wesentliches Fundament im Hass auf die Gesellschaft, im antibürgerlichen Ressentiment, dem sich auch jene hingaben, die ihre Wurzeln im Bürgertum hatten. Spätestens nach dem Ersten Weltkrieg sah sich die bildungsbürgerliche Elite von der Modernisierung überholt und mit einem »neuen Bürgertum« konfrontiert, das primär ökonomisch orientiert war. Abschätzig sprach man von den »Neureichen«, die vor allem natürlich in der »preußisch-amerikanischen Weltstadt« (Thomas Mann) Berlin lebten.

Nicht zufällig gründete sich 1928 in München unter Führung von Alfred Rosenberg der »Kampfbund für deutsche Kultur«. Die geistige und künstlerische Elite und die Deklassierten probten in der Weimarer Republik den Aufstand. Den dafür geeigneten Rahmen fand man im Mobilisierungsprogramm der Nationalsozialisten, die sich als »Retter der Kultur« gerierten. Die Nazis kannten die Sehnsüchte dieses heterogenen Klientels, aus dem sie zum Teil selbst kamen, sie kannten den Hass und die Träume von Wiedergeburt und Erneuerung. Es gab einen gemeinsamen Gegner und – wie unscharf auch immer – eine gemeinsame Vision von einer »neuen Zeit«.

Hitlers München

Während die Boheme auf München und das originäre Münchnertum herabschaute und allenfalls den gesunden Boden und die sinnliche Volkskultur lobte, trat nach dem Ersten Weltkrieg mit Adolf Hitler ein Mann auf die Bühne, der seine Vergangenheit als Bohemien von sich abgestreift hatte, aber immer noch »anders« war – anders als das Münchner Bürgertum und seine Elite. Doch, so Joachim Fest, »in einer Umgebung, die den Außenseiter kultivierte und das Genie mit Vorliebe hinter exzentrischen Meinungen und Auftrittsweisen vermutete«,[17] fiel Hitler in der Stadt positiv auf.

In *Mein Kampf* spricht Hitler von »innerer Liebe« und von der »glücklichsten Zeit« seines Lebens, die er in München verbracht habe. »Am meisten zog mich die wunderbare Vermählung von urwüchsiger Kraft und feiner künstlerischer Stimmung an, diese einzige Linie vom Hofbräuhaus zum Odeon, vom Oktoberfest zur Pinakothek.« Es war Liebe auf den ersten Blick, der Liebhaber machte der Stadt nicht nur Komplimente, er wollte München das verlorene Selbstbewusstsein zurückgeben und an die heroische Zeit Ludwigs I. anknüpfen, der in seiner Ära die Kunststadttradition begründet hatte. Ja, Hitler wollte noch mehr, seine Bewegung sollte die »geopolitische Bedeutung« der Stadt begründen und sie zum »zentralen Mittelpunkt« erheben. In *Mein Kampf* sprach er vom »magischen Zauber eines Mekka oder Rom«.

Das wird den Münchnern in den Ohren geklungen haben, sie wurden nicht einfach als »Stadt der Deutschen Kunst« angesprochen, sondern als das »auserwählte Volk«, das eine Mission hat und an der Spitze einer Erhebung steht, die Deutschland zur nationalen Größe zurückführen soll. Hitler verstand es, das ohnehin starke Sendungsbewusstsein der bayerischen Metropole aufzunehmen und politisch zu nutzen. Er hat München zum Mythos seiner Bewegung stilisiert und sich selbst die Rolle des Erlösers zugeschrieben. Und er machte nicht nur viele Worte, er legte mit seinen diktatorischen Befugnissen in der Partei fest, dass München für immer der Sitz der Bewegung bleiben sollte. Hitler dachte – zumindest bis zur »Machtergreifung« – »groß« von München.

1935 verlieh er der Stadt noch den Titel »Hauptstadt der Bewegung«, aber das war schon mehr ein erzwungener symbolischer Akt. Die Münchner nahmen es freilich ernst, weil hier Titel noch etwas bedeuten. Spätestens Mitte der dreißiger Jahre war es jedoch mit Münchens Herrlichkeit vorbei. Überlebt hatte sich zu dieser Zeit auch das Bündnis zwischen den Deklassierten und der geistigen und künstlerischen Elite. Weder die Deklassierten noch die Elite, schreibt Hannah Arendt, spielen im »totalitären Herrschaftsapparat« eine Rolle, »sobald die Bewegungen an die Macht« gekommen sind, ist ihre Rolle ausgespielt.

Was bleibt?

Kommen wir noch einmal kurz auf das NS-Dokumentationszentrum zurück. Winfried Nerdinger, der Gründungsdirektor, spricht in der Einführung zum Katalog mit viel Emphase von den »authentischen Täterorten«. Erst der »Bezug auf den Ort des Geschehens« gebe der Dokumentation »Prägnanz und Überzeugungskraft«. Jeder »Ästhetisierung und Auratisierung« erteilt er dagegen eine Absage: »Hier wird nichts inszeniert oder virtuell imaginiert, sondern genau hier ist es gewesen«, das soll sich jedem Besucher mitteilen.

Doch die Realien sind verschwunden, genau wie die Täter verschwunden sind. Was bleibt dann aber vom Tatort übrig? Wie im Fall des »Braunen Hauses« wurde der Tatort gereinigt, gesäubert, begrünt, und nun steht da der Kubus aus Weißbeton. Das Authentische ist den Täterorten

---

[17] Joachim Fest, *Hitler. Eine Biographie*. Berlin: Propyläen 2002.

ausgetrieben worden, es ist nicht mehr zu haben. In Zeiten der Simulation ist »das Authentische« zu einer Vokabel der Sehnsucht geworden, von ihr, glaubt man, gehe eine Kraft aus, sie bezeichne so etwas wie das verschüttete wirkliche Leben. Zeigt aber nicht jeder Tatort, dass das Authentische banal ist? Erst die Konstruktion und Verbindung der Details, machen den Tatort lebendig und überführen den Täter.

Wer ist ein Klassiker der Moderne?
Zur kritischen Werkausgabe Ernst Tollers

Von Jakob Hessing

Marcel Proust, Franz Kafka, James Joyce: Ihr Werk entsteht in deutlicher Distanz zur Gesellschaft, in der sie leben. Proust und Kafka schreiben in selbstgewählter Isolation; Joyce – in *A Portrait of the Artist as a Young Man* – nimmt seinen Abschied von Irland, ohne den er nicht zum Schriftsteller geworden wäre; und Thomas Mann zeigt uns das untergehende Bürgertum, indem er die Künstler, die diesen Untergang beobachten, zu seinen Außenseitern macht.

Die moderne Literatur scheint aus der Kluft zu erwachsen, die sich zwischen den Schreibenden und ihren Zeitgenossen aufgetan hat. Das ist nicht immer so gewesen. Im Mittelalter hatten die Schreibenden, der Klerus, eine die Gesellschaft integrierende Funktion, nicht anders als die bildenden Künstler, die die Kirchen schmückten. Und selbst im 18. Jahrhundert noch, als der christliche Glaube einer neuen Rationalität zu weichen begann, sahen sich ihre Träger, die Aufklärer, wie einst die Kleriker in der Rolle von Erziehern, die für das Wohl ihrer Umwelt verantwortlich waren. Erst mit der Industriellen Revolution und ihren Entfremdungsprozessen begann dieser Bund von Kultur und Gesellschaft sich aufzulösen.

So, wenig hoffnungsfroh, ließe der Weg in die Moderne sich beschreiben. Dass es auch eine andere Möglichkeit gegeben hat, zeigt die kritische Werkausgabe Ernst Tollers (1893–1939), die der Wallstein Verlag jetzt erstmals vollständig vorlegt.[1] Ein internationales Herausgeberteam – fünfzehn ausgewiesene Forscherinnen und Forscher an verschiedenen Universitäten in Europa und Amerika – hat sie in fünf großen, hervorragend edierten Bänden mit insgesamt 4304 Seiten erarbeitet. Neben den Dramen und autobiografischen Schriften enthalten sie auch seine Lyrik und Prosa, die Hörspiele und Filmarbeiten. Allen Texten sind ausführliche Anhänge beigegeben, die sie literarisch und historisch erschließen, sowie umfangreiche Materialien, die Toller als Akteur und als Opfer in einer Zeit sichtbar machen, die scheinbar unaufhaltsam in die Katastrophe trieb.

Wie viele seiner Generation hat auch Toller im Ersten Weltkrieg die existentiellen Grunderfahrungen gemacht, ohne

---

1 Ernst Toller, *Sämtliche Werke. Kritische Ausgabe*. Hrsg. v. Dieter Distl, Martin Gerstenbräun u. a. Göttingen: Wallstein 2014.

die sein Werk nicht zu verstehen ist. Er war der wohl berühmteste Dramatiker der Weimarer Republik, anders aber als viele Autoren der europäischen Avantgarde hatte er seinen ersten Auftritt nicht auf der literarischen, sondern auf der politischen Bühne. Ein begnadeter und populärer Redner, gehörte er 1919 mit kaum sechsundzwanzig Jahren zu den Führern der schnell niedergeschlagenen Münchner Räterepublik und musste dafür bis 1924 in bayrischer Festungshaft büßen. Nach einer kurzen Zeit der Freiheit ging er als einer der ersten deutschen Schriftsteller ins Exil, in Amsterdam und Moskau, in London und Amerika kämpfte er als kompromissloser Sozialist gegen den Faschismus, solange seine Kräfte reichten. In New York – zermürbt, aber nicht gebrochen – wählte er im Mai 1939 schließlich den Freitod.

Nicht die Isolation, sondern die Gesellschaft hat Toller ein Leben lang gesucht. Zunächst die deutsche Gesellschaft: Er kam in Samotschin zur Welt, einem kleinen Städtchen in Posen, das früher polnisch und jetzt preußisch war. Als Kind war er stolz darauf, in einer deutschen Stadt zu leben, aber er war Jude, und schnell bekam er es zu spüren. »Marie ist das Kindermädchen«, so hält es seine früheste Erinnerung fest. »Durchs Hoftor kommt Ilse mit ihrem Kindermädchen. Ilse läuft auf mich zu und reicht mir die Hand. Wir stehen eine Weile und sehen uns neugierig an. Das fremde Kindermädchen unterhält sich mit Marie. Nun ruft sie Ilse: – Bleib da nicht stehen, das ist ein Jude. – Ilse läßt meine Hand los und läuft fort. Ich begreife den Sinn der Worte nicht, aber ich beginne zu weinen, hemmungslos.«

Das hat Toller erst spät geschrieben, in seiner Autobiographie *Eine Jugend in Deutschland*, als er bereits im Exil war und Hitler an der Macht. Das Buch war auch ein Abschied von dem Land, um das er immer gekämpft hat, und er wird es gewusst haben. Als es 1934 auf Englisch erschien, trug es den Titel *I was a German*, und das gehörte nun der Vergangenheit an.

Aber selbst in der zeitlichen Distanz ist Tollers Kindheitserinnerung authentisch. Ihre Spuren zeigt sie noch in seinem ersten Theaterstück *Die Wandlung*, mit dem er über Nacht berühmt wurde. Gedruckt und uraufgeführt wurde es im Herbst 1919, als die Räterepublik schon niedergeschlagen war, doch in ihm gestaltet er nicht seine politischen Erfahrungen in München, sondern seine Kriegserlebnisse und ihre Folgen.

Ein junger Mann mit dem sprechenden Namen Friedrich meldet sich freiwillig, als der Krieg beginnt, und nicht nur sein Patriotismus treibt ihn an. Mehr noch ist es der Wunsch, durch heroische Taten sein deutsches Heimatrecht zu erkämpfen, das man ihm als Juden bislang verwehrt hat. Doch nicht den Mythos des Krieges erfährt er, sondern seine Realität, nicht sein Heldentum, sondern das Grauen. Friedrich sieht das Sterben an der Front und die Krüppel in den Lazaretten, nach seiner Entlassung wird er zum Künstler und kämpft fortan für eine bessere Welt, für eine im ewigen Frieden geeinte Menschheit.

Die Wandlung ist Tollers Evangelium der Revolution. Es gehört zu den bekanntesten Stücken des expressionistischen Theaters, und seine Premiere hat nicht nur die Berliner Tribüne als Avantgardetheater etabliert, sie hat auch Fritz Kortner, der den Friedrich spielte, zum spektakulären Start seiner Karriere verholfen. Die sensationellen Aspekte des Bühnendebüts aber verbergen seine Schattenseiten. Als das Stück Furore machte, waren Tollers Hoffnungen schon an der historischen Wirklichkeit zerschellt, und während er als Dramatiker gefeiert wurde, saß er längst im Gefängnis. Er durfte keine einzige Aufführung seiner ersten Stücke sehen, und seinen meteorischen Aufstieg in den frühen Jahren der Weimarer Republik erlebte er aus der Perspektive einer engen Zelle.

Auf der Handlungsebene bezeichnet der Titel des Stücks die Bekehrung eines zunächst kriegsbegeisterten Protagonisten zum unbeugsamen Kämpfer für den universalen Frieden. Das Ziel kann Friedrich freilich nur erreichen, wenn er auch seine Umwelt bekehrt, und die Schlussworte werden daher von »Allen« gesprochen, von einem die Menschheit repräsentierenden Chor: »Brüder recket zermarterte Hand, / Flammender freudiger Ton! / Schreite durch unser freies Land / Revolution! Revolution!«

Hier findet ein kollektiver Akt statt, und nicht zufällig verwendet Toller dafür den Begriff der »Wandlung«. Er ist der christlichen Liturgie entnommen und religiös besetzt, und auch die Form des Stückes steht in der Tradition der mittelalterlichen Mysterienspiele. Es ist als ein Stationendrama konzipiert – Friedrich durchläuft eine fortschreitende Entwicklung und überzeugt dabei eine wachsende Menschenmenge von seinen Visionen –, aber seine Botschaft ist nicht messianisch, sondern politisch: Nicht eine höhere göttliche Macht wird die Revolution vollziehen, sondern nur der Mensch selbst.

Tollers erstes Stück ist sein hoffnungsvollstes, aber es ist nicht naiv. Als es zur Aufführung kommt, hat er im München der Räterepublik gerade die Revolution geprobt, und niemand weiß besser als er, wie kläglich sie gescheitert ist. Er will uns nicht überzeugen, dass wir das Ziel schon erreicht haben, vielmehr legt er sein Stück auf den getrennten Ebenen der Wirklichkeit und des Traumes an, verteilt sie alternierend auf eine Vorder- und eine Hinterbühne. Die Befreiungsszenen der *Wandlung* bilden nicht die Wirklichkeit ab, sondern ein Fernziel.

Lichtgestalt und Schattenbilder

Nicht nur als Politiker, sondern auch als Autor war Ernst Toller ein Sozialist. *Die Wandlung* trägt autobiografische Züge, denn wie Friedrich hatte er selbst unter der Ausgrenzung als Jude zu leiden. Auch er war 1914 ein kriegsbegeisterter Patriot gewesen und wurde erst durch seine Fronterlebnisse zum unerbittlichen Kriegsgegner, aber das Stück erzählt nicht seine eigene Lebensgeschichte, und Friedrich ist kein Porträt des Künstlers als junger Mann. Es geht Toller nicht um die Psychologie eines einzelnen Menschen, und Friedrich ist nicht als Individuum gestaltet, sondern als Protagonist einer Idee: Er handelt nicht im eigenen Namen, sondern im Namen der Gesellschaft, für die er kämpft.

Noch deutlicher wird das in seinem zweiten Stück. Schon im Oktober 1919, während *Die Wandlung* ihre erfolgreiche Premiere hatte und er bereits in Untersuchungshaft saß, entwarf er *Mas-*

se *Mensch* und schloss es im folgenden Sommer ab. Hier wendet er sich seinen Erfahrungen aus den Tagen der Räterepublik zu und stellt die Revolution nicht mehr als hehres Ideal, sondern als historischen Prozess dar, aus dem keiner unschuldig hervorgehen kann. Zwei Antagonisten stehen sich gegenüber: die Frau, die den Menschen in seiner Würde wahren will und für eine friedliche Revolution plädiert, in der kein Blut mehr vergossen wird; und der Namenlose, der die Masse zum letzten Kampf gegen die Unterdrücker anstachelt, nach dem er den großen Frieden verspricht.

Auch hier ist ein autobiografisches Element nicht zu übersehen. Im Kampf der Rotgardisten gegen die Regierungstruppen, die die Revolution schließlich niederschlugen, vertraten die Kommunisten eine militante Linie, während Toller sich bemühte, das gegenseitige Morden zu verhindern. Sein humanes Verhalten hat ihn vor dem Todesurteil bewahrt, die Kommunisten aber haben es ihm immer als Verrat angerechnet, und lange später noch, in der DDR, hat sich das negativ auf seine Rezeption ausgewirkt.

Im Konflikt zwischen der Frau und dem Namenlosen steht Toller eindeutig auf der Seite der Frau, und im Personenverzeichnis des Stücks trägt sie als Einzige einen Namen: Sonja Irene L. Auch er ist autobiografisch verbürgt, *Eine Jugend in Deutschland* hält ihn fest. »Frau Sonja Lerch ist unter den Verhafteten«, heißt es dort über die Streikaktionen, die der Räterepublik vorangingen, »die Frau eines Münchner Universitätsprofessors. Der Mann hat sich am ersten Streiktag von ihr losgesagt, aber sie liebte ihn und wollte ihn nicht lassen. Gestern Abend war sie bei mir, trostlos verstört, ich bot ihr an, die Nacht in meinem Zimmer zu bleiben, ich warnte sie, in das Haus ihres Mannes zurückzukehren, dort zuerst würde die Polizei nach ihr fahnden, sie blieb meinen Worten taub.« Im Haus ihres Mannes wird sie verhaftet und kommt ins Gefängnis, »am vierten Tag fand man sie tot, sie hatte sich erhängt«.

Vieles in Tollers Werk ist dem politischen Leben geschuldet, das er geführt hat, sein Stück aber verwischt solche Spuren. Die Frau kann den vom Namenlosen entfesselten Kampf nicht verhindern und empfindet ein tiefes Schuldgefühl, als die ersten Arbeiter fallen. »Die Frau: ›Schrie ich nicht gestern gegen Krieg?? / Und heute ... laß ichs zu, / Daß Brüder in den Tod geworfen?‹ / Der Namenlose: ›Ihr Blick ist unklar, / Im Kriege gestern warn wir Sklaven, / Im Kriege heute sind wir Freie.‹«

Toller verwendet eine gehobene Kunstsprache, seine Szenen sind nicht realistisch, sondern symbolisch, und wie Friedrich in der *Wandlung* sind die Frau und ihr Gegenspieler exemplarische Gestalten, die nicht sich selbst, sondern Ideen verkörpern. Auch bei Toller ist es ihr Ehemann, der die Frau denunziert, und sie wird zum Tode verurteilt. Anders als im Leben der Sonja Lerch will er schließlich ihre Begnadigung durchsetzen, sie aber lehnt das ab und geht in den Tod.

Vom Optimismus der *Wandlung* ist wenig übriggeblieben. Kaum ein Jahr nach Friedrichs froher Botschaft von der Revolution stellt Toller seiner Lichtgestalt ihre Schattenbilder zur Seite. Die fünf Jahre der Festungshaft werden zu seiner produktivsten Schaffensperiode, zugleich aber zeigen sie die Umstände, unter denen er schreibt. Seine Stücke werden zunehmend düsterer, und einen Höhepunkt erreicht das im Drama *Hinkemann* aus dem Jahr 1923.

Ein deutscher Arbeiter, Eugen Hinkemann, kehrt impotent aus dem Krieg zurück, und in einem schwachen Augenblick lässt seine Frau sich von einem Anderen verführen. Als sie sieht, wie ihr Mann sich auf dem Jahrmarkt heimlich als rattenfressender Muskelprotz verdingt, um sie in den schweren Nachkriegsjahren zu ernähren, gesteht sie ihm den Ehebruch und zugleich ihre tiefe Liebe zu ihm. Er aber kann ihr nicht verzeihen und treibt sie damit in den Selbstmord.

Wieder stehen sich ein Mann und eine Frau gegenüber, anders jedoch als in *Masse Mensch* scheint Toller hier die private Tragödie zweier Individuen zu gestalten. Der öffentliche Skandal, den das Stück auslöste – wie vorher schon *Masse Mensch* –, zeigt indessen, dass es auch diesmal symbolisch verstanden wurde. Zuerst nannte Toller es *Der deutsche Hinkemann*, und selbst als er den Titel änderte, sah man auf der politischen Rechten in Hinkemanns Impotenz noch immer eine Beleidigung der deutschen Kriegsveteranen. Mehrmals wurden die Aufführungen gesprengt, Toller aber dachte nicht in nationalen Kategorien, und das Ehedrama der Hinkemanns ist keine deutsche, sondern eine universale Parabel.

Deutlich zeigt sich das im Licht eines fast gleichzeitig entstandenen Textes. »Gewachsen 1922 • Geschrieben 1923«, steht auf der ersten Seite des *Schwalbenbuches*, das 1924 erscheint: ein langes Gedicht über ein Schwalbenpaar, das in Tollers Zelle sein Nest baut und seine Jungen zur Welt bringt. »Von den Ufern des Senegal, vom See Omandaba / Kommt Ihr, meine Schwalben«, begrüßt er sie beglückt. »Was trieb Euch zum kalten April des kalten Deutschland? / [...] / Zu welchem Schicksal kamt Ihr?«

Das Gedicht ist ein Klagelied über die Natur in der Gefangenschaft und über die Menschheit, die sie zerstört. »Bevor nicht die Menschen wiederfinden den Grund ihrer Tierheit«, so lauten die letzten Verse, »Bevor sie nicht sind / Sind / Wird ihr Kampf nur wert sein / Neuen Kampfes, / Und noch ihre heiligste Wandlung / Wird wert sein neuer Wandlung.«

Das *Schwalbenbuch* ist ein Requiem, und wie ein noch uneingelöstes Versprechen steht der Titel des ersten Stücks an seinem Ende. Die Wärter zerstören das Nest, wieder und wieder kommen die Schwalben, bauen ihre Nester in mehreren Zellen der Festung, erliegen schließlich der Vernichtung. In den ersten Auflagen verschweigt Toller das, sein Buch muss die Zensur passieren, aber 1927, als er wieder frei ist, fügt er der vierten Auflage einen Epilog an, der mit den Worten schließt: »Nicht mehr bauten die Schwalben. Abends flogen sie in eine Zelle, nächtigten dort, eng aneinander geschmiegt, auf dem Leitungsdraht, flogen in der Frühe davon. Bald kam das Schwalbenmännchen allein. Die Schwälbin war gestorben, wohl weil die Menschen ihr wehrten, fruchtschwere Eier zu bergen.«

Auch Hinkemann kommt aus dem Krieg nach Hause und will sein Nest bauen, aber er kann es nicht. Seine Impotenz ist keine pornografische Obszönität, wie Tollers Gegner unterstellten, sie ist das Abbild zerstörter Natur. Ihr Grund ist der Krieg, und ihre Folge eine Unversöhnlichkeit, die im Fall eines unglücklichen Ehepaars zum Selbstmord der Frau, auf universaler Ebene zum Tod von Millionen führt.

Grenze aller Glücksmöglichkeiten

Wie die *Wandlung* ist auch das erste Stück, das Toller nach seiner Haftentlassung geschrieben hat – *Hoppla, wir leben!* (1927) – in die Theatergeschichte der Weimarer Republik eingegangen. Mit ihm eröffnete Erwin Piscator seine Bühne am Berliner Nollendorfplatz, und das wirkte sich auf das Stück eher negativ aus. Piscator passte es seinem Regieplan an, er schrieb viele seiner Szenen um und überredete Toller, ihm einen anderen Schluss zu geben. Die kritische Ausgabe druckt die verschiedenen Versionen ab und zeichnet die Verwirrung nach, die sie in der Forschung gestiftet haben.

Karl Thomas ist ein Revolutionär, der nach Jahren der Gefängnishaft freikommt und seine alten Kameraden trifft. Die Zeiten haben sich geändert, das Stück handelt von den Schwierigkeiten des Protagonisten, damit fertig zu werden, und in der Inszenierung Piscators begeht er am Ende Selbstmord. Ursprünglich aber hatte Toller einen anderen Schluss geschrieben, und als er sich später von Piscator trennte, setzte er ihn wieder ein. Das Ziel der Revolution durfte nicht aufgegeben werden, und auch unter den veränderten Umständen blieb Karl Thomas kampfbereit.

Immer setzt Toller die Erfahrungen seines Lebens in paradigmatische Szenen um, und die Bewegung ist dialektisch. Das Leben speist Tollers Kunst, aber sie absorbiert es nicht, sie wächst nicht auf Kosten des Lebens, sie bleibt ihm überall zugewandt. Anders als Kafka und Proust, als Joyce und Thomas Mann opfert Toller das Leben nicht der Kunst, es ist umgekehrt: Seine Kunst entsteht nur, um das Leben – nicht sein persönliches Leben, sondern das Leben der Gesellschaft, für die er sich einsetzt – lebenswerter zu machen.

Nicht zufällig war er zunächst als sozialistischer Aktivist hervorgetreten und erst später, eingeengt durch die Festungshaft, als Dramatiker. Nach der Freilassung im Juli 1924 begann er eine rastlose Tätigkeit, die ihn als Autor und als politischen Redner ständig auf Reisen führte, und kurz nach der Machtergreifung, als im Februar 1933 der Reichstag brannte, kehrte er von einer Reise in die Schweiz nicht mehr zurück. Seine Zeit im Exil war dem Kampf gegen Hitlerdeutschland gewidmet, und er zehrte seine Energien auf.

Toller gehörte zu den Gründern des Exil-PEN, er bemühte sich erfolglos um den Aufbau einer Deutschen Volksfront, im Bürgerkrieg gegen Franco organisierte er eine Hilfsaktion für das spanische Volk, auf zahllosen Kongressen und Veranstaltungen sprach er als Hauptredner. Aber es waren die Jahre, in denen der Faschismus auf dem Vormarsch war. Der Kampf war schwer und oft aussichtslos, und auf das dialektische Verhältnis von Tollers Leben und Schreiben hat das seine Wirkung gehabt.

In seinen frühen Werken spannt er einen Horizont der revolutionären Erwartung aus, und sein Blick ist nach vorne gerichtet. Aber seit dem *Schwalbenbuch* verengt sich dieser Horizont, und in den Werken des Exils kehrt sich die Blickrichtung um. *Eine Jugend in Deutschland* (1933) und *Briefe aus dem Gefängnis* (1935) malen keine Zukunft aus, sie halten eine Vergangenheit fest. Und zugleich sind sie mehr als Dokumentation, sind kunstvoll komponierte Zeitbilder, die Toller als Warnung vor dem Kommenden veröffentlicht.

»Ich muß in großer Dankbarkeit von den Worten sprechen, die Sie für ›Hinkemann‹ fanden«, schreibt er im Juni 1923 an Stefan Zweig. Da hat er schon über die Hälfte seiner Haftzeit hinter sich und ist ernüchtert. »Ich habe das Werk in einer Zeit geschrieben, in der ich, schmerzhaft, die tragische Grenze aller Glücksmöglichkeiten sozialer Revolution erkannte.«

Zehn Jahre später, schon im Exil, leitet er *Eine Jugend in Deutschland* mit einem Vorspann ein, der den Titel »Blick 1933« trägt: »Nicht nur meine Jugend ist hier aufgezeichnet, sondern die Jugend einer Generation und ein Stück Zeitgeschichte dazu.« Selbst in seiner Autobiografie ist er am eigenen Leben nur dort interessiert, wo es exemplarisch ist, und das Wort von der Revolution, mit dem er einst berühmt geworden war, weicht jetzt dunkleren Worten: »Wer den Zusammenbruch von 1933 begreifen will, muß die Ereignisse der Jahre 1918 und 1919 in Deutschland kennen, von denen ich hier erzähle.«

Wer ist ein Klassiker der Moderne? Wir denken an Kafka und an Proust, an Joyce und an Thomas Mann, die Ernst Tollers Kampf nie geführt haben. Und vielleicht hatten sie Recht damit, vielleicht wussten sie, dass der Kampf verloren war, denn ihr Blick in unsere Ausweglosigkeiten war tiefer als der Blick Ernst Tollers.

Und vielleicht ist es auch anders. Vielleicht erkennt in ihren Werken eine Leserschaft sich wieder, die keine Kraft hat, die Welt zu verändern. Vielleicht sind sie der Kanon der Resignation.

MARGINALIEN

Rechte Mobilmachung

Von Stefan Kleie

Im Nachhinein wirkt alles wie ein Sommergewitter, das ebenso plötzlich wieder verschwindet, wie es gekommen war. Pegida und AfD scheinen schon fast historische Phänomene. Darum sei noch einmal an die Fakten erinnert: Innerhalb von ein, zwei Jahren hat sich die politische Landschaft Deutschlands entscheidend verändert. Die Republik hielt den Atem an: Ukrainekrise, Euro- und Griechenlandkrise, Islamfeindlichkeit, Asylhetze, AfD-Gründung und Pegida haben nicht nur den realen Spielraum der Rechten vergrößert, sondern auch den Umgangston in den sozialen Medien und den Kommentarspalten der bürgerlichen Presse auf Krawall gebürstet.

»Lügenpresse« und »Volksverräter« sind immer noch die Formeln, die nicht nur den politischen Protest auf den Boulevards der Republik, sondern vor allem im Internet auf einschlägigen Nachrichtenseiten wie *pi-news*, *compact-magazin* oder – in libertärer und etwas gemäßigter Version – *eigentümlich frei* und *Achse des Guten* mit der größtmöglichen Verachtung des politischen Systems kontaminieren. Beim ersten Wahlgang der Oberbürgermeisterwahl in Dresden am 7. Juni 2015 kamen Pegida- und AfD-Kandidaten zusammen immerhin auf knapp 15 Prozent. Ein solides Fundament.

Auch wenn die Linke keineswegs tatenlos war und etwa beachtliche Erfolge im Kampf gegen das TTIP-Abkommen oder bei der Mobilisierung der Blockupy-Aktivisten anlässlich der Eröffnung des neuen EZB-Gebäudes in Frankfurt vorweisen konnte, handelt es sich bei der von rechts organisierten Unzufriedenheit um eine neue Qualität. Das Erstarken der Rechten erweist sich nicht zuletzt als Symptom einer großen Vertrauenskrise der parlamentarischen Demokratie, die bis tief in die bürgerlichen Milieus hineinwirkt.

Inzwischen haben die im rechten Lager stets mit dem Mittel der persönlichen Diffamierung ausgetragenen Konflikte zu einer vermeintlichen Konsolidierung des »Systems Merkel« beigetragen, das auf einem gefühlten Wohlstand beruht und nichts so sehr scheut wie programmatische Auseinandersetzungen. Die beiden zunehmend unversöhnlich auftretenden Lager auf der Rechten lassen sich nach einem internen Ausdifferenzierungsprozess, der alte Weggefährten zu politischen Gegnern hat werden lassen, als »konservativ« und dezidiert »rechts« bezeichnen.

Diese Unterscheidung ist historisch und geht auf die völkische Bewegung im späten Kaiserreich zurück, die bereits vor dem Ersten Weltkrieg der traditionellen Rechten populistische Konkurrenz machte. Die Deutschnationale Volkspartei (DNVP), die erfolgreichste rechte Partei der Weimarer Republik, ist noch vor dem Aufstieg der Nationalsozialisten an diesem Widerspruch zerbrochen. Wie schon die DNVP erlitt auch Pegida nach der erklärten Rechtswende einen erheblichen Bedeutungsverlust.

Zum konservativen Lager gehören mittlerweile mit der *Jungen Freiheit* das einstige journalistische Flaggschiff der Neuen Rechten unter Dieter Stein und der westdeutsch geprägte liberal-konservative Flügel der AfD. Ihnen kommt es vor allem auf Respektabilität und – zumindest nach außen – die Wahrung bürgerlicher Umgangsformen an. Die liberale Ordnung der Bundesrepublik wird von dieser konservativ-liberalen Protestformation nicht nur nicht kritisiert, sondern geradezu für sakrosankt erklärt. Treuebekundungen zum Grundgesetz, der Marktwirtschaft, der Nato und Israel sollen mögliche Zweifel an der eigenen, letztlich staatstragenden Gesinnung zerstreuen. Dem Islamismus wird eher mit den »kalten« Werten einer liberalen, säkularen Gesellschaft begegnet, für die Wettbewerb und Chancengleichheit stehen. Erstrebt wird eine Beteiligung am politischen Establishment bei gleichzeitiger Erweiterung des politischen Spektrums rechts von der Union.

Gegen das Schielen auf Akzeptanz durch die gesellschaftlichen Eliten hat sich in der AfD seit Anfang des Jahres erheblicher Widerstand formiert, der die Partei an den Rand der Spaltung geführt hat. Besonders pointiert wurde die nationale Spielart vom Thüringer Landesverband unter Björn Höcke vorgetragen. In einer »Erfurter Resolution« genannten Erklärung vom März 2015 wird sowohl gegen den Führungsstil des Vorstands um Bernd Lucke polemisiert als auch für neue, angeblich tabuisierte Inhalte gestritten. So werden als Themenfelder einer Neuausrichtung der Partei unter anderem der Kampf »gegen die Gesellschaftsexperimente der letzten Jahrzehnte (Gender Mainstreaming, Multikulturalismus, Erziehungsbeliebigkeit usf.)« und der Widerstand gegen »die weitere Aushöhlung der Souveränität und der Identität Deutschlands« – also der Kampf gegen eine als zu weitgehend empfundene Einbindung Deutschlands in Nato und Europäische Union und ein Beharren auf größtmöglicher ethnischer Homogenität – angeführt.[1]

Weil er sich nicht deutlich genug von der NPD distanzierte und noch dazu unter dem Verdacht steht, unter Pseudonym in NPD-nahen Zeitschriften veröffentlicht zu haben, läuft gegen Höcke seit Mai ein vom Bundesvorstand Bernd Lucke angestrengtes Parteiausschlussverfahren. Damit sind wir auf der Seite der »eigentlich« rechten Protestformation angelangt.

Zahlenmäßig überwiegt hier der Rechtspopulismus bis hin zu handfesten Verschwörungstheorien. Parolen ersetzen Argumente und diffuse Unzufriedenheit ein klares Handlungskonzept innerhalb des parlamentarischen Systems. Die strikt ökonomische Argumentation der Wirtschaftsliberalen à la Henkel wird um emotionale Faktoren erweitert, so dass sich nicht selten erhebliche Widersprüche in der Argumentation ergeben. Da es aber dem Rechtspopulismus nicht um stringente Argumentation, sondern hauptsächlich um Mobilisierungserfolge geht, werden klare Feindbilder aufgebaut. Der Kampf gegen den Islam kann daher sowohl – wie bei den Liberalkonservativen – laizistisch als auch kulturkämpfe-

---

1 Der Text der Resolution kann neben den Namen der Erstunterzeichner unter www.derfluegel.de nachgelesen werden.

risch christlich-abendländisch begründet werden. Man kann für oder gegen Putin, für oder gegen Kapitalismus und die Banken sein, in jedem Fall ist man gegen den angeblichen linken Meinungsterror, Gender Mainstreaming, Feminismus und die sogenannte kindliche Frühsexualisierung.

Die vier bis fünf Topthemen werden ständig wiederholt, damit die Erregungskurve konstant hoch bleibt. Die ritualisierten Spaziergänge von Pegida, die ein an den demokratischen Aufbruch am Ende der DDR gemahnendes Gemeinschaftsgefühl (»Wir sind das Volk«) stärken sollten, sind dabei das eigentliche Event. Von den Reden wird lediglich erwartet, dass sie das Erregungspotential wachrufen und durch gezielte Einladungen der internationalen Vernetzung mit ähnlichen populistischen Bewegungen wie zuletzt beim Auftritt Geert Wilders' in Dresden am 13. April 2015 dienen.

Rechtsintellektuelle

Dennoch macht der Rechtspopulismus nur einen Teil des »rechten« Lagers der derzeit noch recht unübersichtlichen Protestbewegung aus. Einer sich selbst als Elite verstehenden Schar von Rechtsintellektuellen um den Verleger Götz Kubitschek (Antaios) kommt dabei trotz ihres marginalen Status – es handelt sich lediglich um ein paar Dutzend aktiver Beiträger und kommentarwilliger Leser – eine Schlüsselrolle zu. Auf einem Rittergut im sachsen-anhaltinischen Schnellroda wird nicht nur ein Ein-Mann-Verlag unterhalten, hier werden auch strategische Konzepte geschmiedet. Gelingt es dem Kreis um Kubitschek in Anknüpfung an den Rechtspopulismus Massenwirksamkeit zu erlangen, oder bleibt seine Wirkung auf jene elitären Zirkel beschränkt?

Das Hauptorgan der sich selbst als rechtsintellektuell verstehenden Formation ist die Zweimonatsschrift *Sezession*, die sowohl als gedruckte Zeitschrift als auch als fortlaufendes Internetblog *(Sezession im Netz)* erscheint.[2] Die angestrebte rechte Hegemonie hat ihr Vorbild in der »Kulturrevolution von rechts«[3] der französischen Nouvelle Droite um Alain de Benoist, dessen Selbstbeschreibung als Intellektueller einem »Menschenschlag [gilt], den die Rechte nie sonderlich wertgeschätzt hat«.[4] Damit ist der Widerspruch im Begriff des Rechtsintellektualismus exakt benannt: Sobald ein intellektueller Anspruch artikuliert wird, erweist er sich als allzu komplex für die immer gleichen, simplen Forderungen der Rechten. Eine Angleichung an die

2 Neben Verlag und Zeitschrift kommt dem Institut für Staatspolitik (IfS), das auch als Herausgeber der *Sezession* fungiert, die Aufgabe zu, als Think Tank die Aktivitäten der Neuen Rechten zu bündeln. Es richtet Tagungen und Seminare aus und gibt eine eigene Schriftenreihe heraus. Lange Zeit führte Karlheinz Weißmann, neben Kubitschek einflussreichster strategischer Kopf der Neuen Rechten, als »wissenschaftlicher Leiter« das Institut. Weißmanns Bekenntnis zum konservativen Flügel, zu *Junge Freiheit*, AfD und seine grundsätzliche Bereitschaft zur Mitarbeit im politischen System führten im Sommer 2014 zum offenen Bruch mit dem Kubitschek-Flügel. Seitdem leitet der Kubitschek-Getreue Erik Lehnert das Institut allein.
3 Götz Kubitschek, *Der romantische Dünger*. In: *Sezession*, Nr. 59, April 2014. Nachzulesen auch unter sezession.de, Blogeintrag vom 16. April 2014.
4 Alain de Benoist, *Mein Leben. Wege eines Denkens*. Berlin: Junge Freiheit 2014.

populistischen Parolen führt dagegen entweder zum intellektuellen Selbsthass oder wenigstens zum Zynismus.

Der Rechtsintellektualismus muss als eigenständige Form vom Intellektualismus der konservativen Eliten abgegrenzt werden. Diese Eliten haben sich in der Bundesrepublik auf die Wirtschaft, die Justiz und – in weit geringerem Maße – auf das Militär zurückgezogen und die gesellschaftlichen Debatten samt hegemonialer Ideologiebildung im Gefolge von '68 den linken und linksliberalen Intellektuellen überlassen. Damit kommt es zur von Heino Bosselmann bemerkten Verschränkung von neoliberaler, auf kapitalistische Gewinnmaximierung orientierter Basis und einem die Emanzipations- und Inklusionsrhetorik pflegenden Überbau: die deutsche Variante des *compromesso storico*.[5]

Die rechtsintellektuelle Position im Sinne einer Frontstellung sowohl gegen die hegemonialen Diskurse des Überbaus *als auch* gegen die kapitalistische Verwertungslogik der Basis ist in der vom Antikommunismus geprägten Geschichte der Bundesrepublik eine neuartige Erscheinung, sieht man einmal von den postfaschistischen Jahrzehnten der unmittelbaren Nachkriegszeit und den Gründungsjahren nach 1949 ab. Als Fluchtpunkt eignet sich daher auch eher die konservative Revolution der Weimarer Republik oder die Action française eines Charles Maurras.

Im Gegensatz zur Linken, die auf ihre »organischen Intellektuellen« (Antonio Gramsci) angewiesen ist, weil sich die Dialektik von Kapital und Arbeit nun mal nicht von selbst versteht, ist der Status der Rechtsintellektuellen spätestens seit der Dreyfus-Affäre prekär. Ursprünglich entschiedene Gegner der Französischen Revolution und Verteidiger der ständischen Ordnung, nahmen sie im Gegensatz von Geist und Macht eine merkwürdige Position ein, die der Macht, also dem nunmehr bürgerlichen Staat, mit zunehmender Entwurzelung immer reaktionärere Positionen bis hin zur Apologie reiner Gewalt entgegenstellte.

Man könnte es mit Blick auf die aktuellen Verhältnisse auch so formulieren: Während die konservativen Kräfte um AfD und *Junge Freiheit* dem Anspruch, die natürlichen »traditionellen Intellektuellen« der Bourgeoisie zu sein, nachtrauern – ein Anspruch, der seit '68 von den Linken und Linksliberalen abgedeckt wird –, fühlen sich die eigentlichen Rechtsintellektuellen mangels realer politischer Bündnispartner in den Eliten zur Vertretung des gesamten (deutschen) Volks ermächtigt.

Auch hier erscheint der Rechtspopulismus naheliegend, zugleich bieten sich aber auch Formen der Mythenbildung an. In der Formel vom »Geheimen Deutschland« kam diese mythische Dimension im George-Kreis und den von ihm geprägten Attentätern des 20. Juli sehr schön zum Ausdruck. Neben der selbsterhöhenden Identifikation mit dem Schicksal der Nation findet sich jedoch auch die heroische Geste radikaler Vereinzelung auf »verlorenem Posten« (Ernst Jünger); eine Position, die ich als politischen Existentialismus bezeichnen möchte.

---

5 Bosselmann bringt dieses Verhältnis auf die griffige Formel *Harte Basis, weicher Überbau*. In: *Das Blättchen*, Nr. 3 vom 2. Februar 2015 (www.das-blaettchen.de).

Liberalismus als Hauptfeind

Doch wofür stehen eigentlich die *Sezession* und ihr Umfeld konkret? Der Stil der *Sezession* unterscheidet sich tatsächlich (noch?) wohltuend von den einschlägigen Erzeugnissen der Populisten. Theoretisch fundiert und stilistisch elaboriert, beschäftigt sie sich neben der rechten Strategiedebatte auch mit entlegeneren Themen der deutschen Geschichte, Philosophie und politischen Theorie. Ein weites Feld bilden Kultur- und Sprachkritik. Bei zwei ihrer wichtigsten Theoretiker, Manfred Kleine-Hartlage und Frank Böckelmann, handelt es sich um ehemalige linke Intellektuelle, die allein schon durch ihre politische Sozialisation in der Gewandtheit der Formulierungen der üblichen rechten Stimmungsmache weit überlegen sind. So ist etwa die Entlarvung der zu Leerformeln erstarrten Appelle an Weltoffenheit und Toleranz als Minimalformel der aktuellen politischen Kultur auch für eine gesellschaftskritische Linke nicht uninteressant.[6]

So zivilisiert der Umgangston, so radikal die Ablehnung des politischen Systems. Im Unterschied zu gemäßigteren Formationen des rechten Protests ist in Kreisen der *Sezession* der Liberalismus der Hauptfeind. Götz Kubitschek etwa zeichnet anhand des AfD-Vorsitzenden Bernd Lucke den Typus des liberalen Machers und Systemdenkers,[7] dem er den eigenen »romantischen Dünger« (Kubitschek) entgegenhält. Im gleichnamigen Artikel vom April 2014 findet sich das Programm des politischen Existentialismus verdichtet, wobei die poetische Mythenbildung gegen den »Neuen Realismus« der Konservativen in Stellung gebracht wird. Unter Berufung auf Nietzsche, Carl Schmitt und Botho Strauß heißt es da: »Denn nur losgelöst von engen Bindungen in die zweite Sphäre gelingt es, der Großen Erzählung den taktierenden Ton zu nehmen und das Mobilisierende, Magnetische, Elektrisierende gegen den Realismus (sei er alt, sei er neu, sei er vernünftig) zu stellen, nach einem uralten poetischen Gesetz: Zwar war es nie so, wie es erzählt wird, aber es wirkt immer!«

Ernst Jünger, der bei der Aufzählung der geistigen Heroen der Neuen Rechten nie fehlen darf, fasste die Haltung des politischen Existentialismus im Typus des »Waldgängers«: »Waldgänger ist also jener, der ein ursprüngliches Verhältnis zur Freiheit besitzt, das sich, zeitlich gesehen, darin äußert, daß er dem Automatismus sich zu widersetzen und dessen ethische Konsequenz, den Fatalismus, *nicht* zu ziehen gedenkt.«[8]

---

6 Vgl. Manfred Kleine-Hartlage, *Die Sprache der BRD. 131 Unwörter und ihre politische Bedeutung*. Schnellroda: Antaios 2015; Frank Böckelmann, *Jargon der Weltoffenheit*. Waltrop: Manuscriptum (Edition Sonderwege) 2014.

7 In dieser Charakterisierung (»Der Typ Bernd Lucke oder Es gibt keine Alternative im Etablierten«) gelingt Kubitschek das schonungslose Porträt eines Technokraten (www.sezession.de, Blogeintrag vom 22. März 2015). Geschuldet ist die Abrechnung mit der AfD-Führung auch der kontroversen innerparteilichen Auseinandersetzung um die Aufnahme Kubitscheks und seiner Frau Ellen Kositza in die Partei, auf die ich im Rahmen dieses Artikels nicht eingehen kann.

8 Ernst Jünger, *Der Waldgang*. Stuttgart: Klett-Cotta 1995.

Diese »ethische Konsequenz« wird bei Kubitschek folgerichtig am Vorbild des 20. Juli 1944 und des »Täters« Claus Graf von Stauffenberg exemplifiziert (in *Romantischer Dünger*). Dem »Waldgänger« stellt er die rhetorisch zugespitzte »Ein-Mann-Kaserne« zur Seite; eine von Kubitscheks griffigen Formulierungen, die jedoch in der Steigerung der Ich-Panzer-Metaphorik bis zum Extrem über das Ziel hinausschießt. Diese Formulierung wirkt einerseits antiquiert, weil Kasernen heute keine massenerzieherische Funktion mehr haben. Andererseits drängen sich unangenehme Assoziationen von verschrobenen amerikanischen Waffennarren bis hin zu terroristischen Selbstmordattentätern auf. Kubitschek aber ist durchaus in der Lage, sein eigenes Pathos zu reflektieren und zurückzunehmen, etwa wenn er an den lapidaren Fakt erinnert, dass auch eine »Ein-Mann-Kaserne« abhängig ist vom Zugang zur öffentlichen Stromversorgung.

Jüngers »Waldgang« und Kubitscheks »Ein-Mann-Kaserne« enthalten eine Absage an politischen Aktivismus und organisierte Formen des Protests, da dieser letztlich nur vom Einzelnen geleistet werden könne. Nicht zufällig erinnert das Motto der *Sezession* »Etiam si omnes, ego non« an Herman Melvilles Schreiber Bartleby und dessen berühmtes, allerdings wesentlich verbindlicher vorgetragenes »I would prefer not to«.

Bei Kubitschek und dem *Sezessions*-Kreis konnte man jedoch zuletzt ein Abrücken von dieser elitären Position feststellen, denn inzwischen haben sich die Koordinaten erheblich gewandelt. Kubitschek trat seit Beginn dieses Jahres regelmäßig als Redner auf Demonstrationen von Legida und Pegida auf. Seine Reden sind zwar pathetisch und geprägt von dem Versuch, Pegida und die diversen Ableger als Volksbewegung gegen ignorante und böswillige Politiker zu legitimieren, wirken aber in der Sache gemäßigt, weil sie sich rassistischer Verallgemeinerungen enthalten. Mit ihrer Kritik an der neoliberalen Verfügung über Menschenschicksale weltweit und dem Argument der letztlich von der Globalisierung ausgelösten Entwurzelung als Begründung für die Migrantenströme nach Europa, stehen sie in der Tradition des Kulturalismus der Nouvelle Droite.[9]

Die Identitären

In dieser Denkschule lässt sich auch der neben AfD und Pegida dritte Akteur einer rechten Mobilmachung verorten: die »Identitäre Bewegung«. In Frankreich und Österreich bereits eine politische Größe, ist sie in Deutschland noch weitgehend ein gesichtsloses Internet-Phänomen. Seit Mai ist Martin Sellner (Jahrgang 1989), Kopf der Wiener »Identitären«, fester Autor im *Sezession*-Weblog. Als ansprechend schreibender Nietzsche- und vor allem Heidegger-Exeget bedient Sellner alle Register des politischen Existenzialismus. Gleichzeitig steht er an der Spitze einer Kampagne gegen den »Großen Austausch«. Das Pathos einer angeblich letzten Generation, die den prognostizierten großen Bevölkerungsaustausch noch verhindern kann, macht aus ihm einen politischen Aktivisten und Revolutions-

---

9 Vgl. Blogeintrag www.sezession.de vom 4. Februar 2015 (2. Leipziger Legida-Rede vom 30. Januar 2015).

theoretiker: »Tag X ist jeder Tag. Die Revolution bist du. Jetzt, hier und heute. Jeder Akt wirkt. Also nur Mut – auch zur Blamage und zum Scheitern.«[10]

Womöglich birgt die »Identitäre Bewegung« durch ihre Mischung aus politischem Existentialismus und kampagnenzentriertem Aktivismus in der Zukunft mehr rechtes Aktivierungspotential als die vergleichsweise behäbigen und kurzlebigen rechtspopulistischen Bewegungen unserer Tage – Michel Houellebecq hat dem »Bloc Identitaire« immerhin eine wichtige Rolle in seinem Roman *Soumission* (2015) eingeräumt.

Auch ein Götz Kubitschek kommt an eingängigen und unmissverständlichen Sätzen nicht vorbei, sobald er – aus den Höhen der »Metapolitik« in die Niederungen realer Massen- und Bündniswirksamkeit absteigend – Klartext redet. Der letzte Punkt seiner Leipziger Zehn-Punkte-Erklärung bietet dabei einen Klassiker rechter Forderungen im Sinne eines integralen Nationalismus auf, der weder neu noch intellektuell daherkommt: »Wir stellen fest, daß Deutschland das Land der Deutschen ist und daß dies so bleiben soll.«[11] Das »Wir« als performative Setzung und kollektiver Appell verheißt das Ende der »Ein-Mann-Kaserne« und damit den Übergang des politischen Existentialismus ins Lager des Rechtspopulismus.

Nachtrag: Götz Kubitschek und mit ihm die »Schnellrodaer« entziehen sich der angedeuteten Entwicklung immer wieder. Als sich anlässlich des Jahrestags der Kapitulation der Wehrmacht am 8./9. Mai 2015 eine Motorradgang namens »Nachtwölfe« auf den Spuren des Siegeszugs der Roten Armee von Russland auf den Weg nach Deutschland aufmachte, begrüßten Lutz Bachmann von der Dresdner Pegida und der umtriebige Querfrontler Jürgen Elsässer *(compact-magazin)* die Putin-Abgesandten enthusiastisch. In Schnellroda erkannte man dagegen in dieser taktischen Annäherung an den ehemaligen Kriegsgegner eine grobe Stillosigkeit und zündet eine Kerze zum Gedenken an die deutschen Opfer der Besatzung an.

---

10 www.sezession.de, Blogeintrag vom 31. Mai 2015.

11 www.sezession.de, Blogeintrag vom 20. Januar 2015.

Schattenorte

Von Martin Sabrow

Auch Städte haben Biografien. Sie verfügen über unterscheidbare Images und vielleicht sogar Alleinstellungsmerkmale, sie sind Projektionsflächen und Stifter sozialer Identität, sie tragen nicht selten auch historisch gewachsene Bürden und sind in einzelnen Fällen sogar zu ikonografischen Verdichtungen einer grausamen Geschichte geworden. Der furchtbare Beiklang von Namen wie Dachau oder Hiroshima, von Auschwitz oder Katyn liegt bis heute als erdrückender Schatten eines extremen Jahrhunderts auf den Geschicken der Orte, die sie benennen.

Seit wann und für wen sind in Deutschland Städte wie Nürnberg oder Berlin, Bautzen oder Eisenhüttenstadt Schattenorte? Und warum ist Wandlitz ein Schattenort und Waldheim nicht, jene sächsische Kleinstadt, in deren idyllischen Mauern jahrelang nationalsozialistischer Krankenmord in großem Ausmaß betrieben wurde und in der frühen DDR die politische Repression durch gebeugtes Recht in den »Waldheimer Prozessen« zu Tausenden Verurteilungen im Schnellverfahren führte?

Über den Rang einer historischen Belastung entscheidet nicht die geschichtliche Prägung selbst, sondern ihre Wahrnehmung in der Gegenwart.[1] In der Sprache der Stadtforschung: Der Schatten eines Ortes ist ein Symbol, aber kein Habitus, dessen Entwicklung einer städtischen Eigenlogik, einem städtischen Eigencharakter folgen würde.

Doch kaum gesagt, wird dieser Satz auch schon wieder zweifelhaft. Gibt es nicht doch Orte, deren symbolische Aufladung so stark geworden ist, dass sie den Habitus prägt? Kann man durch die gepflegten Hauszeilen des Straßendorfs Lidice westlich von Prag gehen, ohne an die nationalsozialistische Auslöschung des Dorfes 1942 zu denken und irgendwo im Hinterkopf das Bronzedenkmal der stummen Kinder zu haben, die unverwandt auf die Stelle schauen, an der ihre Väter umgebracht wurden? Ist in der polnischen Kleinstadt südlich von Krakau, die den Namen Oświęcim trägt, ein Leben möglich, das nicht an der Last des Namens Auschwitz zu tragen hat und unbefangen damit umgeht, dass der österreichische Kaiser bis 1918 den Titel eines Herzogs von Auschwitz trug oder das Eishockeyteam von Unia Oświęcim bereits mehrfach polnischer Meister wurde? Auch in der großen Ausstellung »Germany: Memories of a Nation« des British Museum in London gibt es kein Weimar, dem nicht sein Schatten folgte.

Vergesslichkeit und Vergessen

Der Terminus »Schattenort« ist eine Neuprägung, und er bezeichnet Räume hoher gesellschaftlicher Verdichtung wie Städte oder touristische Anziehungspunkte, die mit einer öffentlich bekannten und benannten Geschichtslast konfrontiert und von ihr als Erinnerungsräume geprägt sind. Schattenorte unterscheiden sich von dunklen oder »bösen« Orten darin, dass ihre Bedeutung sich nicht auf Schreckenstaten reduziert; sie sind *shadow places*, nicht *dark places*, weil es in ihnen neben der Finsternis auch das Licht gibt und neben dem Zivilisationsbruch auch die Zivilisationskontinuität.

Historische Schatten beruhen auf öffentlicher Zuschreibung und Vereinbarung – aber wie stark können sie an Orten haften? Welche Bedeutung kommt umgekehrt dem Wunsch ihrer Bewohner zu, in »ihrer« Stadt ein unbelastetes Leben zu führen, und welche Wirkung können politische Anstrengungen entfalten, städtische Negativimages durch Positivbilder zu ersetzen oder zumindest aufzuhellen?

---

[1] Dagegen Rolf Lindner, *Der Habitus der Stadt. Ein kulturgeographischer Versuch*. In: *Petermanns Geographische Mitteilungen*, Nr. 2, 2003.

Am markantesten treten zunächst die verschiedenen Formen des aktiven und passiven Ausgrenzens des negativen Erbes hervor, die sich unter das Paradigma des historischen Vergessens subsumieren lassen. Nun ist »Vergessen« ein normativer und kein analytischer Begriff. Er setzt einen Kanon des Wissbaren und Wissenswerten voraus und verdeckt, dass es ohne Vergessen kein Erinnern gäbe.

Dabei muss man unterscheiden zwischen den beiden grundsätzlichen Modi des Vergessens, nämlich zum einen der gezielten Nihilierung durch materielle Vernichtung, durch feierliche Auslöschung aus dem Bereich des öffentlich Sagbaren (*damnatio memoriae*) oder durch gesellschaftliche Tabuisierung; zum anderen dem ungezielten Verlust historischer Traditionen und historischen Wissens durch Vergleichgültigung, Nachnutzung und Überformung.

Nicht immer ist die Unterscheidung so einfach wie im Fall der von den Persern unter Dareios verheerten Stadt Milet in Kleinasien, von dem Herodot berichtet: »Für die Athener war die Niederlage Milets ein schrecklicher Schlag. Ja, als Phrynichos ein von ihm gedichtetes Schauspiel ›Die Einnahme von Milet‹ aufführte, brach das ganze Theater in Tränen aus, und die Athener nahmen ihn in eine Strafe von tausend Drachmen, weil er sie an ein für sie so schmerzliches Ereignis erinnert hatte, verordneten sie auch, daß das Stück nie wieder aufgeführt werden dürfe.«

Fast immer arbeiten im abwehrenden Umgang mit historischen Lasten gezieltes und ungezieltes Vergessen Hand in Hand. Die vielen Facetten der Entledigung von Ortsschatten lassen sich heuristisch in drei Abstufungen gliedern:

gewollte Tabuisierung, befreiende Überformung, achtlose Vergleichgültigung. Der politische Wille zur Auslöschung historischer Schatten durch symbolische Überblendung wird greifbar, wenn Erich Ludendorff die siegreiche Schlacht gegen Russland nach demselben Ort »Tannenberg« zu nennen forderte, an dem ein halbes Jahrtausend zuvor der Deutsche Orden dem polnischen Heer unterlegen war.[2]

Dieser Wille zeigte sich ebenso, als der Friedensvertrag nach dem Ersten Weltkrieg in eben dem Spiegelsaal von Versailles geschlossen wurde, in dem 1871 der Großherzog von Baden Wilhelm I. zum Deutschen Kaiser ausrief. Und er wird spürbar, wenn Hitler 1940 die französische Kapitulation im selben Salonwagen auf der Waldlichtung von Compiègne entgegennahm, in dem über zwei Jahrzehnte zuvor Matthias Erzberger die deutsche unterzeichnet hatte. Ein anderes Beispiel ist der jahrzehntelang unterdrückte Schattenort Katyn, dessen Bedeutung für die Delegitimation der kommunistischen Herrschaft in Polen gar nicht überschätzt werden kann. Hier hatte die Solidarność das Tabu, das Katyn umgab, erst in den achtziger Jahren mutig gebrochen.

Anders wiederum hellten west- wie ostdeutsche Städte die Schatten der Kriegszerstörung auf, indem sie ihnen unter

---

2 Erich Ludendorff, *Meine Kriegserinnerungen 1914–1918*. Berlin 1919. Die sachliche Richtigkeit von Ludendorffs Behauptung bleibt dabei umstritten. Sowohl er als auch sein Erster Generalstabsoffizier Max Hoffman haben später beansprucht, den Gedanken zur Umbenennung gehabt zu haben. Vgl. Hartmut Boockmann u. a., *Deutsche Geschichte im Osten Europas. Ostpreußen und Westpreußen*. Berlin: Siedler 2002.

dem Paradigma »Neues Leben aus Ruinen« die Leistungen des Wiederaufbaus entgegensetzten und beispielsweise wiederaufgebaute Gebäude bevorzugt zu den Jahrestagen ihrer Zerstörung einweihten. In Freiburg etwa wurde das Fliegeropfer-Denkmal gegen Ende der 1950er Jahre von vier Eckplatten umrahmt, die die Themen »Luftangriff«, »Zerstörung«, »Wiederaufbau« und »neuerbaute Stadt« versinnbildlichen.³

Das absichtslose Vergessen durch gleichgültige Nachnutzung illustriert exemplarisch das Nachkriegsschicksal der verwaisten Synagogen und jüdischen Kultstätten: Süddeutsche Landsynagogen wurden zu Wohnhäusern, Bankfilialen, Getränkehandlungen, Viehställen oder Feuerwehrhäusern umfunktioniert.

Potsdam und Berlin

Man darf vermuten, dass sich das Prinzip des staatlich organisierten Vergessens erfolgreicher noch unter diktatorischem als unter demokratischem Vorzeichen durchsetzen ließ. Immerhin praktizierte das SED-Regime nicht ohne Erfolg sogar die verordnete Entwirklichung eines keineswegs vergangenen, sondern höchst gegenwärtigen Schattenorts, indem es West-Berlin etwa mit den Mitteln der grafischen Auslöschung auf Landkarten, Stadtplänen und Verkehrsschildern aus dem Wahrnehmungshorizont seiner Bürger auszugrenzen suchte.

Ein anschauliches Beispiel für das Zusammenspiel von Tabuisierung und Überformung bietet Potsdam, das in der DDR-Zeit als Hort der preußischen Reaktion zum Inbegriff eines Schattenorts des Sozialismus avancierte. Entsprechend triumphierend feierte ein Stadtporträt von 1963 die Vertreibung der Vergangenheitsschatten: »In Potsdam ist eine Welt versunken, die alte Welt der Könige, der höfischen Sitten und Unsitten, des aufgeputzten Militärs, der verstaubten Bürokratie, der lorgnonbewehrten adligen Damen, der Untertänigkeit und des Kopfsteinpflasters ... Lohnt es sich überhaupt, sich in Potsdam umzusehen? Sind die historischen Bauten nicht nur steinerne Zeugen jenes ›Geistes von Potsdam‹, der nun glücklicherweise für immer ausgespielt hat?« Den Preußenschatten hatte die sozialistische Lokalpolitik in einer förmlichen Inszenierung zu Grabe getragen, indem am 1. August 1951 eine Potsdamer FDJ-Gruppe anlässlich der III. Weltfestspiele der Jugend nahe dem Alten Markt einen Sarg mit der programmatischen Aufschrift »Hier ruhen die letzten Hoffnungen der Kriegsbrandstifter auf einen alten Geist von Potsdam« in die Havel stieß.⁴

Die sozialistische Umgestaltung Potsdams stellt sich als absichtsvolle Eliminierung einer historischen Last dar, die schon kulturell weniger verhärteten Zeitgenossen als städtebaulicher Frevel er-

---

3 Vgl. Malte Thießen, *Die »Katastrophe« als symbolischer Bezugspunkt. Städtisches Gedenken an den Luftkrieg in der BRD und DDR*. In: Natali Stegmann (Hrsg.), *Die Weltkriege als symbolische Bezugspunkte: Polen, die Tschechoslowakei und Deutschland nach dem Ersten und Zweiten Weltkrieg*. Prag: Masarykuv Ustav 2009.

4 Vgl. Ines Elsner, *Vom Markstein zur Marke. Die Rezeption Friedrichs des Großen in Potsdam*. In: Jutta Götzmann (Hrsg.), *Friedrich und Potsdam. Die Erfindung (s)einer Stadt*. München: Hirmer 2012.

schien und erst recht nach dem Ende des SED-Staats als ideologische Barbarei dasteht. Doch eine solche Interpretation der staatlichen Auslöschung eines Schattenorts wäre selbst schematisch und unhistorisch. Sie unterschlägt zunächst, dass die städtebauliche Befreiung von der Vergangenheit keineswegs allein ein ostdeutsches Phänomen war, sondern eine gesamtdeutsche Bewegung der städtebaulichen Modernisierung, die im Interesse der Bewohner zu handeln glaubte.

Die Zerstörung gotischen Sakralraums konnte in der Bundesrepublik durchaus noch sehr viel brachialer verlaufen als in der DDR, wie sich in besonderer Brutalität in Bremen zeigt, das im Wiederaufbau nach dem Krieg gleich drei seiner vier wichtigsten und sämtlich nur teilzerstörten Sakralbauten verlor, um Platz für Warenhäuser und Straßendurchbrüche zu schaffen.

Demgegenüber wurde Potsdam in den 1960er Jahren zu einer sozialistischen Bezirksstadt umgebaut, die keineswegs alle erhaltenen Bauten der als Schattenzeit verstandenen Vergangenheit abräumte, sie aber jeder historisch oder ästhetisch begründeten Unantastbarkeit beraubte und ihnen damit jegliche Geltungsautonomie entzog. Nicht das bloße Vergessen durch bauliches Vernichten, sondern die Entmachtung der städtischen Geschichtserzählung durch Abriss, Nachnutzung und zitative Bewahrung der prägenden Bauten macht das sozialistische Schicksal des Schattenorts Potsdam aus.

Die Entscheidung zwischen Abriss und Neubau, die heute so schwerwiegend erscheint, wurde für die Baukultur beider deutscher Nachkriegsstaaten zu einer Nebensache mit oft fast zufälligem Ausgang: In West-Berlin blieb die Gedächtniskirche als mahnender Trümmerberg erhalten, während in Potsdam die Ruine der Garnisonkirche nach jahrelanger Unschlüssigkeit abgerissen wurde, obwohl parteiintern auch ihr dauernder Erhalt als Mahnmal gegen den Faschismus ernsthaft in Betracht gezogen worden war. Erhalten blieb stattdessen ausgerechnet Schinkels Nikolaikirche, die als sakrale Pickelhaube der Stadt eher mehr historische Schatten warf als die Garnisonkirche.[5]

Blickerweiterung

Der flächige Abschied von der sozialistischen Architektur bis hin zum Abriss des Palasts der Republik vollzieht sich vorwiegend nicht aus dem politischen Willen, die Erinnerung an die SED-Diktatur loszuwerden, sondern aus dem ästhetischen Wunsch, das als hässlich und störend empfundene Überbleibsel einer überwundenen Epoche gegen Schöneres und Geeigneteres auszuwechseln. Unsere Zeit hat vielmehr das vertuschende Vergessen in die bekennende Erinnerung verwandelt, und diese Entwicklung von der vergessenen zur erinnerten Vergangenheit hat auch die Stellung des Schattenorts in der deutschen und europäischen Geschichtskultur verschoben.

Zeitgeschichtlich bedeutend ist die Blickerweiterung, die seit dem Ende der fünfziger Jahre und dann von der Stu-

---

[5] Zur »Paradoxie des SED-Architekturverständnisses«, dank der »das Historische, in Potsdam das Preußische ... scheinbar wahllos in das Neue integriert werden« konnte, vgl. Christian Klusemann, *Platte, Plan & Preußen*. In: *Potsdamer Neueste Nachrichten* vom 3. Juli 2012.

dentenbewegung der späteren sechziger Jahre vorangetrieben wurde, um die Aufklärung an die Stelle des Schweigens zu setzen, um mentale, strukturelle und personelle Kontinuitäten vom »Dritten Reich« zur Bundesrepublik zu brandmarken und verdeckte historische Belastungen zu skandalisieren.

Die verrottenden Prunkbauten Nürnbergs, die einstige Bedeutung Münchens als ehemalige »Hauptstadt der Bewegung« wurden zu historischen Fußangeln ebenso wie die braunen Wurzeln des als Stadt des KDF-Wagens bei Fallersleben gegründeten Wolfsburg, das in seiner erst nach dem Ende der Nazizeit erfolgten Namensgebung eben nicht nur an die nahe Burg aus dem 12. Jahrhundert, sondern auch an den *nom de guerre* ihres Gründers Adolf Hitler und im »Volkswagen« ganz unverstellt an dessen Volksgemeinschaftsideologie erinnert.

All diese Schattenorte gerieten im letzten Drittel des 20. Jahrhunderts unter einen Legitimationsdruck, der die städtische Suche nach einem positiven Image wie dem Münchens als Stadt der »heiteren Spiele« von 1972 in Frage stellte und eine dauerhafte Frontstellung zwischen Angreifern und Verteidigern der vermeintlichen Nestbeschmutzung schuf. Als exemplarisch ist hier der Fall der Passauer Schülerin Anja Rosmus zu nennen, die im Rahmen des Geschichtswettbewerbs des Bundespräsidenten »Alltag im Dritten Reich« die nationalsozialistische Vorgeschichte führender Persönlichkeiten aus ihrer Heimatstadt Passau aufzudecken versuchte, in ihren Recherchen aber auf eine entschlossene Ablehnung in der Passauer Bürgerschaft traf und sich etwa die Einsicht in die Personalakte des NSDAP-Oberbürgermeisters Max Moosbauer erst nach Jahren vor Gericht erstreiten konnte.[6]

Heute, im Zeichen der nach 1989 immer mächtiger werdenden Aufarbeitung, wirkt eine solche Erfahrung wie aus der Zeit gefallen. Längst schon wurde zumindest in Deutschland die traditionelle nationale Stolzkultur verabschiedet, wie sie heute noch ungebrochen in der Türkei und in Russland, in Serbien und in Kroatien, aber auch in den Vereinigten Staaten und abgestuft ebenso in Frankreich und England vorherrscht. An ihre Stelle ist seit den späten siebziger und achtziger Jahren immer nachhaltiger eine historische Schamkultur getreten: Sie lebt vom entschlossenen Bruch mit einer Vergangenheit, die doch fortwährend erinnert wird, um aus ihr zu lernen, ihre Täter namhaft zu machen und ihren Opfern Genugtuung zu geben.

In der Gegenwart leitet nicht organisiertes Vergessen, sondern gezieltes Erinnern den zivilgesellschaftlichen Umgang mit Schattenorten. Dieses Erinnern unterscheidet sich darin von schlichter Nostalgie, dass es eben nicht eine »gute alte Zeit« herbeisehnt, sondern deren Gebrochenheit sichtbar macht. Entsprechend kennt zumindest die deutsche Geschichtskultur zwar Schattenorte, aber keine Heldenstädte – selbst Leipzig als eigentlichem Ort der »friedlichen Revolution« von 1989 kommt dieser aus der Sowjetunion entlehnte Ehrentitel nur in ironischer Zitierung zu.

---

6 Anja Rosmus-Wenninger, *Widerstand und Verfolgung. Am Beispiel Passaus 1933–1939*. Passau: Haller 1983.

Ebenso wie der Holocaust in den letzten dreißig Jahren zum negativen Gründungskonsens der Bundesrepublik aufgestiegen ist, ist der Schattenort zu einer heimlichen Leitkategorie unserer Erinnerungskultur geworden. Er spiegelt in der Gegenwart zum einen den Willen zur Vergangenheitsüberwindung durch politische Distanzierung, wissenschaftliche Erhellung und erinnerungskulturelle Aufbereitung; zum anderen nährt er die Sehnsucht nach einer Vergangenheitsvergewisserung, die aus der Nähe zum Gestern identitätsstiftende Geborgenheit bezieht.

Akzeptanzkultur

Für die einst vornehmlich auf den Schlachtfeldtourismus beschränkte Anziehungskraft von Orten des Schreckens hat sich der Begriff des *dark tourism* eingebürgert. Er tritt auf der »Berliner Geschichtsmeile« so anziehungsmächtig in Erscheinung wie bei der historischen Pilgerfahrt auf den Obersalzberg, an die innerdeutsche Grenze und nach Peenemünde im Norden, und er sichert den Schlachtfeldern des Ersten Weltkriegs ein ebenso anhaltendes Besucherinteresse wie den Gedenkstätten des Grauens der nationalsozialistischen Vernichtungspolitik.

Um die Abscheu mit der Attraktion zu verbinden, muss die Vergangenheit allerdings von bestimmter Beschaffenheit sein, die sie uns jenseits ihres abstoßenden oder schmerzenden Diktaturcharakters anziehend macht. Die Suche nach dem eindringlichen Vergangenheitszeugnis, in dem das Relikt sich als säkularisierte Reliquie präsentiert, erstreckt sich auch auf historische Lasten. Im Schattenort findet die kathartische Lernbereitschaft mit der Aura des Authentischen zusammen – im seelisch tief erschütternden Rundgang durch die Zellen des Potsdamer KGB-Gefängnisses wie im Auschwitz-Selfie und im Wintersonnenbad am Berliner Holocaust-Mahnmal.

Diese paradoxe Verschränkung von Helligkeit und Dunkelheit kommt im Topos des Schattenorts zum Ausdruck, dessen kommunalen Siegeszug der Erfolg des Projekts »Stolpersteine« veranschaulicht: Es hat den Schattenort von einer Stigmatisierung der einzelnen Stadt zu einem gesamtdeutschen Definitionsmerkmal der zeitgenössischen Stadt gemacht, gegen das sich im Moment allenfalls noch München auf Drängen vor allem von Charlotte Knobloch wehrt.

Aber handelt es sich überhaupt noch um Konfrontation – oder nicht längst um bequeme Identifikation mit der Schuldüberwindung? Und können wir unter diesen Umständen noch von Schattenorten im eigentlichen Sinne sprechen, wenn der Oberbürgermeister von Dachau sich darum sorgt, dass bisher leider vor allem München vom Gräueltourismus profitiere und für seinen Standpunkt mit dem Ausspruch wirbt: »Nach dem KZ rennen die Leute ins Hofbräuhaus«?

Die bereitwillige Akzeptanz und Kommerzialisierung historischer Bürden zumindest für die deutsche Geschichtskultur deutet an, dass wir von der einstigen Stolz- und späteren Schamkultur in eine neue Phase der historischen Akzeptanzkultur eingetreten sind, in der sich positives und negatives Gedächtnis so zusammenfinden wie im Kopf des Touristen, der sich in der Dauerausstellung »Topographie des Terrors« vom Besuch des Potsdamer Platzes ausruht.

Es war der wachsende Abstand zu den Gräueln des Naziregimes, der die Schattenorte ans Licht treten ließ; es war der aufklärerische Wille zur Wiedervorlage einer noch nicht bilanzierten Vergangenheit, der die Erhaltung ihrer unbequemen Überreste erst zu einer machtvollen Bewegung von unten werden ließ und bald zu einem gesamtgesellschaftlichen Projekt. Aber die Last der Vergangenheit ist leicht geworden, seitdem das kritische Gedenken keine Gegner mehr kennt, sondern nur noch Konkurrenten um die bessere Vermarktung.

Schattenorte stellten über lange Zeit die identitätsstörenden Stiefgeschwister der Erinnerungsorte dar. Dass im Umgang mit der nationalsozialistischen Vergangenheit – mehr als mit der sozialistischen – der lastende Schatten zum strahlenden Glanz des geschichtstouristischen Marketings werden konnte, beweist den Sieg der historischen Aufklärung. Aber dass mit ihm die kritische Konfrontation zur klingenden Kommerzialisierung geworden ist, macht fraglich, was dieser Sieg noch wert ist.

Kulturelles Vergessen.
Erinnerung an eine historische Perspektive

Von Achim Landwehr

Seit geraumer Zeit schon kapriziert sich unsere historische Kultur auf das emphatische Erinnern, etwa mithilfe von »Gedächtnisorten«, die als Orientierungsmarken und Identitätsangebote den Bogen von der Vergangenheit in die Gegenwart schlagen sollen. Es herrscht ein memorialer Imperativ, der da lautet: Du sollst nicht vergessen – damit es nicht wieder geschieht. Die moralische Aufladung, die sich mit den Themen Erinnerung, Gedächtnis und Vergessen verbindet, ist geschichtspolitisch fraglos nachvollziehbar; in der Verabsolutierung, mit der dieser Imperativ zuweilen auftritt, hat er aber dazu geführt, das Vergessen insgesamt zu desavouieren. Man soll nicht nur nicht vergessen, sondern hat darüber auch gleich das Vergessen vergessen.

Aber ist es nicht die Aufgabe der Historie, sich um Formen der erinnernden Identitätsbildung zu kümmern, ist nicht »Erinnerung« der Sinn des Historischen überhaupt? Betrachtet man die beständige und teils rabiate Auswahl der Stoffe und Themen, die das historische Geschäft begleitet, einmal genauer, bemerkt man, dass dessen reale Praxis weit mehr mit Vergessen als mit Erinnerung zu tun hat. Geschichtsschreibung und damit auch historische Erinnerung ist eben nicht einfach nur ein Vorgang des Festhaltens, sondern wesentlich des Bevorzugens bestimmter Aspekte der Vergangenheit – und damit immer auch ein Vorgang des Aussiebens.

Man stelle sich nur vor, es wäre möglich, sich an jede Einzelheit des eigenen Lebens zu erinnern – es ginge einem wie Ireneo Funes in Jorge Luis Borges' Erzählung *Das unerbittliche Gedächtnis*: eine Existenz, in der Handeln, Denken und Sinnhaftigkeit keinen Platz mehr haben, weil sie von der überwältigenden Vielfalt der erinnerten Einzelheiten überwuchert werden. Sowohl auf individueller wie auf kollektiver Ebene sind wir also existentiell vom Vergessen abhängig. Auch wenn manche Formen des kollektiven Vergessens moralisch und politisch unerwünscht sein mögen, ändert das nichts an ihrer Unumgänglichkeit. Nicht nur die Ergebnisse neurologischer Forschung zeigen, dass das Gedächtnis nicht von der Erinnerung, sondern vom Vergessen beherrscht wird. Auch in soziokultureller wie in historischer Hinsicht ist das Vergessen der Normalzustand.

Paradoxien des Vergessens

Mit der Frage des Erinnerns und des Vergessens sind zwei Paradoxien verbunden. Erstes Paradox: Es existiert eine gesellschaftliche und kulturelle Notwendigkeit des Vergessens – verbunden mit der Unmöglichkeit gezielten Vergessens. Egal, ob es sich um Individuen oder Kollektive handelt, die Vergessenden müssen sich zumindest immer daran erinnern, dass sie etwas vergessen haben. Erinnern und Vergessen sind, von medizinischen Fällen wie Amnesien oder Demenz abgesehen, im einen wie im anderen Fall Formen des Wissens.

Man ist sich seines Vergessens bewusst, weil vom Vergessenen Reste übrig bleiben oder weil man zumindest die Leerstelle bemerkt, die das Vergessene hinterlässt. Daher der paradoxe Umstand, dass Kulturen zwar vergessen müssen, es gleichzeitig aber nicht können. Es geht ihnen wie Immanuel Kant, der den von ihm entlassenen, langjährigen Diener Martin Lampe vergessen wollte, indem er auf einen Zettel schrieb: »Der Name Lampe muß nun völlig vergessen werden.«[1]

Auf einer individuellen und kognitionstheoretischen Ebene ist Umberto Ecos Postulat der Unmöglichkeit einer Kunst des Vergessens, die These also, dass sich das Vergessen nicht erlernen und professionalisieren lasse, durchaus nachvollziehbar.[2] Für die Ebene des sozialen und kulturellen Vergessens gilt das nicht. Denn während die *ars memoriae* auf die Repräsentation des Abwesenden zielt, kann sich die *ars oblivionalis*, bei der es um die Erinnerung an das Vergessene geht, auf das Nichtrepräsentierbare konzentrieren. Und damit sind Gesellschaften auf vielfältige Art beschäftigt.

Das zweite Paradox lässt sich mit Verweis auf eine Eintragung in Paul Valérys *Cahiers* verdeutlichen: Valéry bemerkt dort, der Satz »Ich habe vergessen« sei ein ungewöhnlicher Ausdruck. Denn er zeige eine Handlung an, die das Gegenteil einer Handlung sei.[3] Man kann demnach also nicht etwas tun, das ein Nichttun bezeichnet. Schließlich verbindet der Sprachgebrauch mit dem Verb »vergessen« eine Tätigkeit, bei der wir immerzu den Verdacht haben müssen, dass nicht wir es sind, die sie ausüben. Es scheint so, dass einen das Vergessen viel eher überkommt, als dass man es selbst ausführen würde.

Tatsächlich jedoch handelt es sich beim kulturellen Vergessen um eine Praxis. Es

---

1 Harald Weinrich, *Lethe. Kunst und Kritik des Vergessens*. München: Beck 2005.
2 Umberto Eco, *An Ars Oblivionalis? Forget It!* In: PMLA, Nr. 3, Mai 1988.
3 Paul Valéry, *Ich grase meine Gehirnwiese ab. Paul Valéry und seine verborgenen Cahiers*. Hrsg. v. Thomas Stölzel. Frankfurt: Eichborn 2011.

ist eine Praxis der Deaktualisierung, und sie ist weit davon entfernt, ein Defizit zu sein, einen Verlust zu bezeichnen oder eine Auslöschung anzuzeigen. Vielmehr bietet das kulturelle Vergessen die Möglichkeit, die Konstitution und Konstruktion historischer Wirklichkeiten zu thematisieren.

Der Eisberg der Geschichte

Vom Eisberg der Geschichte erscheint nur ein kleiner Teil an der historischen Oberfläche. Der Rest befindet sich darunter – ist vergessen worden, deswegen aber keineswegs verschwunden. Dieses Bild soll helfen, den einen oder anderen Zweifel an den Argumenten aus Nietzsches zweiter »Unzeitgemäßer Betrachtung« anzubringen, die so etwas wie der kanonische Text der Vergessensliteratur ist.

Denn die Schrift *Vom Nutzen und Nachteil der Historie für das Leben* ist unter anderem ein flammendes Plädoyer für die Bedeutung des Vergessens – wobei das eigentliche Potential dieser Praxis übersehen wird. Die Tragik des Menschen besteht laut Nietzsche angeblich darin, »das Vergessen nicht lernen zu können und immerfort am Vergangenen zu hängen«. Damit folgt er einer etwas zu schlichten Vorstellung vom Vergessen, insofern er es gleichsetzt mit Auslöschung und dem totalen und unwiderruflichen Verschwinden von Erinnerungsinhalten. Aber Vergessen ist gerade nicht, wie Nietzsche unterstellt, das Unhistorische. Das Vergessen ist eine Art und Weise des Umgangs mit Vergangenheit, die deren Inhalte in einen bestimmten Bereich der Virtualität verschiebt, wo sie aber als Potenz abrufbar bleibt.

Um Nietzsche zu widerlegen, könnte man einem Vorschlag von Tillman Bendikowski folgen, einmal nicht nur einen Katalog der Erinnerungsorte zusammenzustellen, sondern auch einen Katalog der Vergessensorte, einmal nicht nur den *lieux de mémoire*, sondern auch den *lieux d'oubli* die Ehre zu erweisen. In diesem Katalog würde man sie dann alle finden, die Formen des kulturellen Vergessenwollens und Vergessenmüssens, der Zerstörung und des leisen Dahindämmerns, des Verschwindens und der schleichenden Auflösung. Traumatische Erlebnisse hätten hier ebenso ihren Platz wie Formen der Verdrängung; die Zensur müsste hier erwähnt werden neben der Zerstörung von Texten und Bildern oder der Vernichtung von Archiven und Bibliotheken; die Umbenennung von Straßen oder Städten müsste hier in Erscheinung treten neben dem Sturz von Denkmälern; und das leise Verschwinden von Traditionen stünde neben der Ausgrenzung bestimmter Phänomene aus dem erlauchten Kreis des Wissens.[4]

Zumeist verläuft der kulturell vergessende Umgang mit Vergangenheit aber wesentlich undramatischer als in den genannten Beispielen. Denn was Nietzsche ebenfalls übersehen hat, ist die Tatsache, dass das gesamte historische Unterfangen als ein Vorhaben verstanden werden kann, einen Großteil der Vergangenheit dem Vergessen anheimzugeben, also den größten Teil dieses gigantischen Eisbergs unter die Wasseroberfläche zu drücken.

---

4 Tillmann Bendikowski, *Erinnern und Vergessen. Vom Nutzen und Nachteil der Gedächtnisforschung für die Geschichtswissenschaft*. In: *Geschichte in Wissenschaft und Unterricht*, Nr. 12, 2004.

Vergessen als Ermöglichung

In dem solcherart metaphorisch angedeuteten Verhältnis von Vergessen und Wissen (beziehungsweise Nichtwissen) stecken Möglichkeiten der Dynamisierung. Es gibt unterschiedliche temporale Modalisierungen, um mit Nichtwissen umzugehen. Vergangenes nicht mehr zu wissen, kann dabei als Vergessen verstanden werden; die eigene Gegenwart nicht zu kennen, lässt sich als Ignoranz rubrizieren (»Ich weiß, dass ich nichts weiß«), und die Unkenntnis der Zukunft kann man als Ahnungslosigkeit bezeichnen.[5]

Historisch interessant wird es nun, wenn man sich näher besieht, wie unterschiedliche historische Kulturen mit Formen des Nichtwissens umgehen. Die Einheit der Differenz von Erinnern und Vergessen und die Formen, wie dieses Verhältnis im Einzelnen ausgestaltet ist, spielt dabei eine besondere Rolle, um Veränderungen zu ermöglichen oder zu unterdrücken. Es ist möglich, durch die Bevorzugung von Erinnerung auf Kontinuität zu setzen und den Faden zur Vergangenheit nicht abreißen lassen zu wollen.

Das Vergessen hingegen, möglicherweise sogar das absichtsvolle Vergessen, erzeugt demgegenüber Diskontinuitäten, will also gerade den Faden zur Vergangenheit abschneiden, um dadurch Dynamik zu gewinnen. Man kann die Frage nach dem Grad der Selbstdynamisierung historischer Kulturen also immer auch dahingehend stellen, wie sich die Formen der Temporalisierung von Nichtwissen im Einzelnen ausgestalten: Ist es eher ein Nichtwissen der Zukunft (Ahnungslosigkeit), um den Bezug zur Vergangenheit nicht zu verlieren, oder ist es eher ein Nichtwissen der Vergangenheit (Vergessen), um Zukunft zu gewinnen?

Jan Assmann hat mit Bezug auf Maurice Halbwachs den Wechsel des sozialen und kulturellen Rahmens als dem Vergessen förderlich bestimmt. »Das Urmodell oder die Urszene solchen vergessensfördernden Rahmenwechsels ist die Reise in die Fremde, die Überschreitung der Grenze. Das Kind vergißt seine Eltern, der Bote seinen Auftrag, der Prinz seine vornehme Herkunft, die Seele ihren himmlischen Ursprung: weil nichts in der neuen Welt die Erinnerung stützt und trägt. Sie hat keinen Bezugsrahmen mehr, wird unwirklich und verschwindet.«[6]

Womit wir es hier laut Assmann zu tun haben, ist ein Wandel der soziokulturellen Wirklichkeit, der dazu führt, dass alles das in Vergessenheit gerät, was der alten Wirklichkeit angehörte. Neue Wirklichkeiten und neue Rahmenbedingungen befördern also das Vergessen. Historisch interessant wird es, wenn man diese Prämisse umkehrt: Müsste dann nicht das gezielt eingesetzte Vergessen neue Wirklichkeiten hervorbringen können? Vergessen würde dann zu einer Befreiung von der Zeit führen, würde zu einer Entzeitlichung beitragen, die in einem gewissen

---

5 Vgl. Jochen Mecke, *Erinnerungen an das Vergessen*. In: Achim Geisenhanslüke / Hans Rott (Hrsg.), *Ignoranz. Nichtwissen, Vergessen und Missverstehen in Prozessen kultureller Transformationen*. Bielefeld: transcript 2008.

6 Jan Assmann, *Die Katastrophe des Vergessens. Das Deuteronomium als Paradigma kultureller Mnemotechnik*. In: Aleida Assmann / Dietrich Harth (Hrsg.), *Mnemosyne. Formen und Funktionen der kulturellen Erinnerung*. Frankfurt: Fischer 1991.

Rahmen notwendig ist, um überhaupt handeln zu können.

Das Vergessen kann also durchaus als eine Ermöglichungsstrategie eingesetzt werden, als eine Form der Dissoziation der Assoziation: Historische Narrative haben vornehmlich assoziative Zwecke, sollen aus dem völlig unübersichtlichen Chaos einer Vielzahl unzusammenhängender Ereignisse eine kohärente, in sich stimmige Erzählung formen, die – vor welchem kulturellen Hintergrund auch immer – für eine jeweilige Gegenwart Sinn erzeugt. Solche Assoziationen machen Vergangenheiten beherrschbar. Die Dissoziation – unter anderem in Form des Vergessens – bricht diese Kohärenz auf, sprengt die historische Erzählung und macht Rekombinationen möglich.[7]

Insbesondere in Mittelalter und Früher Neuzeit kennen wir zahlreiche Strategien, mit denen versucht wurde, der Katastrophe des Vergessens entgegenzuwirken. Im Prinzip dienen sämtliche Versuche zur Bewahrung von Traditionen und der fortwährenden Verehrung der Vergangenheit genau diesem Zweck, das einmal Gewusste nicht in Vergessenheit geraten zu lassen und damit die kollektive Identität nicht zu gefährden. Vor diesem Hintergrund lassen sich vier Formen des Vergessens differenzieren.[8]

Erstens wäre das Vergessenwollen die intendierte und vor allem politisch motivierte Auslöschung von Vergangenheiten in der Tradition der *damnatio memoriae*, wie sie bis in die Gegenwart hinein insbesondere nach politischen Systemwechseln praktiziert wird. Diesen Bereich kann man erweitern, wenn nicht nur eine bestimmte Person in strafender Absicht dem Vergessen anheimgegeben werden soll, sondern wenn sämtliche Formen des Beschweigens und Verschweigens von Vergangenheit berücksichtigt werden. Denn, wie nicht zuletzt die Geschichte des 20. Jahrhunderts gezeigt hat, die *damnatio memoriae* kann auch die eigene, zur Schande gewordene Geschichte betreffen, die man am liebsten auslöschen möchte.

Als *zweite* Form hängt das Vergessensollen üblicherweise mit einem befohlenen Vergessen zusammen, beispielsweise in Form der Amnestie, die einen politischen und historischen Neuanfang möglich machen soll. Schon die griechische Wurzel des Wortes zeigt die Möglichkeiten der Deaktualisierung an, denn »amnesia« bedeutet nicht Vergessen oder Auslöschung, sondern die Nichterinnerung, mithin das Gebot eines Nichterinnerns an schlimme Geschehnisse der Vergangenheit. Damit ist aber zugleich deutlich, dass weder die schlimme Vergangenheit noch die Erinnerung daran verschwinden. Vielmehr sollen die Auswirkungen dieser Vergangenheit auf Gegenwart und Zukunft durch Beschweigen depotentialisiert werden.

Diese Form der Amnestie kennt man beispielsweise aus dem Zusammenhang von Friedensverträgen. So wurden im Westfälischen Frieden von 1648 entsprechende Oblivionsformeln verwendet, aber nicht aus der Sicht eines Siegers, der gegenüber einem Unterlegenen Gnade walten lässt, sondern aus der Einmütigkeit aller Kriegsteilnehmer, in der Gegenwart

---

7 Vgl. F. R. Ankersmit, *The Sublime Dissociation of the Past: Or How to Be(come) What One Is No Longer*. In: History and Theory, Nr. 3, 2001.

8 Vgl. Paul Connerton, *Seven Types of Forgetting*. In: Memory Studies, Nr. 1, Januar 2008.

die Gräuel der Vergangenheit vergessen zu machen, als ob sie nie geschehen wären. Dies ist eine Praxis, die während der Frühen Neuzeit ihren Höhepunkt erlebte und erst im Verlauf des 20. Jahrhunderts in ihr Gegenteil verkehrt wurde: An die Stelle der Amnestie traten nun die Kriegsschuldzuweisungen und juristische Aufarbeitungen als Bestandteile von Friedensverträgen.[9]

Neben diesen Formen intendierten Vergessens gibt es, *drittens*, noch das nichtintendierte Vergessen. Eine erste Variante des Vergessenwerdens äußert sich zum Beispiel als kulturelle Amnesie. Es handelt sich um die Frage, wie bestimmte Aspekte des einmal Gewussten als irrelevant vergessen werden konnten, wie sie zumeist recht lautlos aus der Geschichte verschwanden und sich unauffällig aus dem Reich des Wissens verabschiedeten. Solche Formen kultureller Amnesie würden zum Beispiel dann sichtbar, wenn man etablierte Formen der Geschichtsschreibung umkehren würde, wenn man also nicht nur nach vermeintlichen Ursprüngen und Anfängen suchte, sondern im Gegenteil die Enden und das Auslaufen historischer Prozesse zum Thema machte.

Beispiele für entsprechende Phänomene, Ereignisse, Personen, Bewegungen, Theorien gibt es mehr als genug: der Priesterkönig Johannes, die Hanse, das Phlogiston – sie alle fielen solcherart dem Vergessen anheim, ohne gänzlich verschwunden zu sein, sonst könnte ich kaum von ihnen sprechen. Vielmehr wurden sie in einen Zustand der Inaktualität überführt. Nicht zuletzt hier wird das Verhältnis von Innovation und Vergessen interessant. Unter welchen Bedingungen setzen Kulturen auf die Vergangenheit als autoritätsverbürgende Referenz und erachten damit Erinnerung, Wiederholung und Tradierung als notwendig, um die bestehende Welt zu bewahren? Und wann wird der Punkt erreicht, an dem Kulturen das Vergessen mehr oder minder gezielt einsetzen, um genau die Innovationen zu ermöglichen, die man zuvor noch verhindern wollte?

Eine weitere Form des Vergessenwerdens tritt, *viertens*, beispielsweise als Ergebnis von Kategorisierungen und Kanonisierungen auf. Die schiere Menge des Wissbaren überschreitet eigentlich immer die individuellen und kollektiven Möglichkeiten, damit halbwegs sinnvoll umzugehen. Historisch interessant ist die Frage, welche kulturellen Formationen nun welche Techniken der Kategorisierung einsetzen, um mit diesem Problem des Informationsüberschusses umzugehen und Bedeutsames von Unbedeutendem zu trennen. (Welche Formen des Vergessens vergesse ich etwa meinerseits an dieser Stelle, indem ich eine bestimmte Einteilung der Vergessensformen vornehme?)

In diesem Zusammenhang wäre eine historisch bedeutsame Institution zu nennen, die auf den ersten Blick die Aufgabe haben sollte, dem Vergessen entgegenzuwirken: Mit dem Wachstum frühneuzeitlicher Staatsgewalten wuchsen seit dem 15. Jahrhundert auch in einem ganz erheblichen quantitativen und qualitativen Maße die Archive. Waren solche Einrichtungen während des Mittelalters noch

---

9 Vgl. Jörg Fisch, *Krieg und Frieden im Friedensvertrag. Eine universalgeschichtliche Studie über Grundlagen und Formelemente des Friedensschlusses*. Stuttgart: Klett-Cotta 1979.

vornehmlich »Schatzarchive«, die vor allem wichtige Staatsurkunden und Verträge aufbewahrten, erforderte die Ausweitung obrigkeitlicher Aufgaben eine Reorganisation.

Das Archiv mutierte seit dem 16. Jahrhundert zum administrativen Langzeitgedächtnis. Dadurch sollte – im niemals realisierten Idealfall – den politischen Herrschaften nichts mehr entgehen, und vor allem sollte das gesammelte Wissen keineswegs mehr vergessen werden. Das Archiv wurde sowohl hinsichtlich der dort gelagerten Papiermengen wie auch mit Blick auf seine systematische Durchdringung zur »Gedächtnisbank« des Staates.

Wie aber nicht erst bewiesen werden muss, impliziert jede Form der Archivierung zugleich eine Form des Vergessens. Nichts anderes bringt der antike Rechtsspruch zum Ausdruck: *Quod non est in actis, non est in mundo.* All das, was es nicht in diese privilegierten Orte memorialer Aufbewahrung geschafft hat, wird dem Vergessen anheimgegeben. Jede Form der Archivierung und Kategorisierung ist also nicht nur Speicherort, ist nicht nur Ablagekammer des kollektiven Gedächtnisses, sondern auch Regelwerk der nicht mehr möglichen, der aufgegebenen und der nicht mehr formulierbaren Aussagen. Das Archiv produziert nicht nur ein Positives des Wissens, sondern produziert einen noch viel größeren Bereich des Vergessenen – das aber deswegen keineswegs verschwunden sein muss.

Es ist wie mit dem verstellten Buch in der Bibliothek: Einmal an der falschen Stelle abgelegt, fällt es aus dem etablierten Kategorienraster, muss als verschollen gelten, wird möglicherweise irgendwann vergessen – ist aber deswegen keineswegs verschwunden, sondern wartet geduldig auf seine unwahrscheinliche Wiederentdeckung.

Nicht minder offensichtlich tritt dieser Zusammenhang mit Blick auf die Folgen des Buchdrucks seit Mitte des 15. Jahrhunderts oder auf die Bemühungen um eine Enzyklopädisierung des Wissens zutage. Auch wenn es sich dabei vordergründig um Versuche handelt, das Wissen der Welt zu bewahren, zur Verfügung zu stellen und im Idealfall sogar vollumfänglich darüber zu verfügen, handelt es sich doch nicht zuletzt um Ermöglichungen des Vergessens. Enzyklopädien und Lexika erweisen sich vor diesem Hintergrund nicht nur als Beispiele der Wissensliteratur, sondern ebenso als Exempla der Vergessensliteratur.

Sie lassen sich beispielsweise unter der Frage betrachten, wie bestimmte Elemente aus dem erlauchten Kreis des Wissens verschwinden und wie Formen der Kategorisierung dazu beitragen, Vergessen als produktive Strategie einzusetzen. In solchen Enzyklopädien könnte man einer Geschichte des Vergessens im Sinne einer Untersuchung der historischen Vergleichgültigung nachgehen. Auch die Institution des Museums präsentiert mit ihren historischen Narrativen eine Form der Kanonisierung, die alles vergessen macht, was es nicht in diesen erlauchten Kreis des Ausstellbaren geschafft hat. In zeitgenössisch angepasster Form finden sich solche Formen des Vergessens qua Ausscheidung in den Algorithmen diverser Suchtechniken und Suchmaschinen.

Eine Geschichte der nie gewesenen Moderne

Wie können diese Formen des Vergessens nun produktiv werden? Folgt man Niklas Luhmann, ist es für Gesellschaften nicht nur wichtig, sich ihrer Geschichte als »Möglichkeitshorizont gegenwärtiger Orientierung« zu versichern, sondern Geschichte auch wieder abzustoßen. Relevante Geschichte muss »vergleichgültigt« werden können, um die Gegenwart von dem zu befreien, was sie herbeigeführt hat. Es geht dabei laut Luhmann nicht um das Vergessen als Entlastungsprozess, sondern um den Fall »überdokumentierter Gesellschaften«, die sich von (Teilen der) Geschichte distanzieren müssen, um Komplexität zu reduzieren.[10]

Solche Versuche einer Abstoßung von Geschichte verweisen zugleich auf das Projekt der »Moderne« mit ihren fortschrittsgeschichtlichen Implikationen. Denn sich mit »Geschichte« zu beschäftigen, ist nicht nur ein Unternehmen, das sich eng mit eben dieser »Moderne« verbindet, es läuft unter diesen modernistischen Prämissen auch häufig darauf hinaus, sich von der behandelten Geschichte zu verabschieden. Es existiert also ein zweiter Erinnerungsimperativ, der sich nicht aus der Geschichte des 20. Jahrhunderts speist, sondern einem älteren Fortschrittsprinzip verpflichtet ist.

Demnach erfordern es die Modernisierungsnarrative auf ihrem Weg in eine immer goldenere Zukunft, Rückschritte zu vermeiden und falsche Wege nicht ein weiteres Mal zu beschreiten. Mit dieser Praxis des Vergessens funktionieren modernistische Geschichtserzählungen bis heute, indem sie sich vornehmlich auf den Teil der Vergangenheit beziehen, der unmittelbar auf das eigene Hier und Jetzt zuzuführen scheint. Alle anderen Fäden werden abgeschnitten.

Angesichts der zeitlichen Modalisierungen, die die Thematisierung des Vergessens im historischen Zusammenhang ermöglicht, eröffnet sich die Möglichkeit zu einer grundsätzlichen Kritik dieser Fortschritts- und Modernisierungsgeschichte. Begreift man Vergessen als Praxis der Virtualisierung, dann werden auch andere, nichtmodernistische und komplexere Möglichkeiten des Vergangenheitsbezugs sichtbar. Das Potential vergessener Vergangenheiten lässt sich in Form gegenwärtiger Zukünfte aufgreifen. Mit anderen Worten: Die Beschäftigung mit Geschichte lässt sich auch verstehen als ein Rückbezug auf vergangene, aber niemals realisierte und deswegen vergessene Zukünfte, die als gegenwärtige Vergangenheiten neue Relevanz erhalten können.

Damit ergeben sich Möglichkeiten einer Geschichte des Vergessens als einer anderen Geschichte der nie gewesenen Moderne. Wird Vergessen nicht als Auslöschung, sondern als nichtaktualisierte Potenz verstanden, die die vermeintlich »vormoderne« Vergangenheit nie gänzlich zum Verschwinden bringt, liefert die Moderne gleich die Möglichkeiten mit, sich selbst zu unterlaufen. Immer dann,

---

10 Niklas Luhmann, *Weltzeit und Systemgeschichte. Über Beziehungen zwischen Zeithorizonten und sozialen Strukturen gesellschaftlicher Systeme*. In: Ders., *Soziologische Aufklärung 2. Aufsätze zur Theorie der Gesellschaft*. Opladen: Westdeutscher Verlag 1975.

wenn das Vergessen seine Dynamik ausspielt und zur Emergenz von Unerwartetem beiträgt, müsste sich die Moderne eigentlich in ihrer eigenen Modernität hinterfragen – oder das zu Vergessende diffamieren (beispielsweise als »Gleichzeitigkeit des Ungleichzeitigen«, als »Vorläufe«, als »Vormodernes« etc.).

Eine Geschichte des Vergessens hätte also bei weitem nicht nur zu zeigen, wie und mit welchen Effekten Vergessen vor sich geht, sondern müsste auch aufzeigen, dass Vergessen ein Effekt von Geschichte ist. Geschichte würde dadurch zum einen sichtbar als produktive Form der Ermöglichung, sodann aber als ebenso produktive Form der Naturalisierung. Denn Phänomene der soziokulturellen Wirklichkeit zu naturalisieren und damit zu »selbstverständlichen«, bedeutet zugleich, ihre historischen Grundlagen vergessen zu machen.

Der Meister aller Selfies

Von Martin Burckhardt

Schon als junger, 22-jähriger Mann verfasste Jeremy Bentham, der Begründer des philosophischen Utilitarismus, ein Testament, in dem er seine leiblichen Überreste der Allgemeinheit vermachte. Entsprach dieser etwas frühreife Letzte Wille dem materialistischen Programm des Philosophen, so handelt es sich doch keineswegs um die Überspanntheit eines Wunderkinds. Denn Bentham blieb seinem Vorsatz treu. Als er 83-jährig sein Ende nahen fühlte, setzte er sich in einer letzten Arbeit mit der Frage seines körperlichen Vermächtnisses auseinander. Das Ergebnis war ein kleiner Text mit dem Titel *Auto-Icon*, in dem Bentham nicht nur das Problem seiner eigenen Hinterlassenschaft klärte, sondern ganz allgemein die Frage abhandelte, welchen Nutzen die Toten für die Lebenden besäßen.

Ein Toter, so argumentierte Bentham, sei für die Lebenden in zweierlei Hinsicht von Nutzen. Einmal besitze er, insofern man den Leichnam anatomisch zergliedern und daraus weitere Kenntnisse ableiten könne, einen *transitorischen* Nutzen, zum zweiten könne er sich auch permanent nützlich machen, zum Beispiel wenn er, entsprechend präpariert, als Monument seiner selbst figurierte. Im Übrigen wäre mit einer solchen *identitas perennis* die leidige Repräsentationsproblematik geklärt, denn man würde nicht mehr dem Abbild des Toten begegnen, sondern ihm selbst – ein Argument, das Bentham mit der denkwürdigen Frage untermauerte: *Ist Identität nicht viel mehr als Ähnlichkeit?*

Mag eine Ahnengalerie aus präparierten Leichen ein Panoptikum der ganz besonderen Art darstellen, traf Bentham zumindest mit dem ersten Punkt ein Dilemma seiner Zeit. Weil die Anatomen, um ihrer Tätigkeit nachgehen zu können, auf die Körper von Gehenkten angewiesen waren, gab es einen Mangel an verwertbaren Leichen. Gemeinhin wurde diese Marktlücke von Grabräubern und *bodysnatchers* geschlossen, aber es kam auch vor, dass vollkommen gesunde Zeitgenosse getötet und den Anatomen zum Kauf angeboten wurden. So erlangten die Herren Burke und Hare einen zweifelhaften Ruhm, indem sie gleich sechzehn Menschen für die Anatomiestunden eines gewissen Doktor Knox über die Klinge springen ließen. Dies vor Augen erscheint die Selbstopferung Benthams keineswegs exzentrisch, sondern vielmehr wie ein politisches Vermächtnis.

Und da Bentham auch als Greis noch einen gewissen Einfluss besaß, schlug sich dieser Akt in einer neuen Gesetzgebung nieder, dem *Anatomy Act* von 1832. Dieser erlaubte Ärzten und Anatomen die Sektion von gespendeten Leichen. Das Gesetz war vorgelegt, aber noch nicht vom House of Lords verabschiedet, als Benthams Vertrauter Thomas Southwood Smith im Juni 1832 dessen Leichnam vor geladenen Freunden und Medizinern sezierte, verbunden mit der erwünschten Vorlesung über die Nützlichkeit des darob gewonnenen Wissens. Als treuer Freund hielt sich Southwood Smith nicht nur an diesen Teil seines Vermächtnisses, sondern kam auch allen anderen Anweisungen nach, die ihm der Verschiedene hinterlassen hatte.

Namentlich ging es dabei um den Akt der Auto-Ikonisierung, der im zweiten Teil seiner Nützlichkeitserwägungen angesprochen war: aus den verwertbaren Überresten des Toten eine präsentable Statue zu formen. Mit der Frage, wie man den delikatesten Teil seines Körpers, seinen Kopf, konservieren könne, hatte sich Bentham schon im Jahr 1824 auseinandergesetzt. Vor allem die Techniken der Maori hatten es ihm angetan – und da er sich kundig darüber auszulassen wusste,

ging das Gerücht um, dass er diese Techniken an einem Schädel selbst ausprobiert habe. Ob dies der Wahrheit entspricht, bleibt dunkel, auf jeden Fall bediente sich Southwood Smith dieser Technik, denn er schrieb: »Ich habe versucht den Kopf möglichst unangetastet zu lassen, und habe lediglich die Flüssigkeiten entnommen, dadurch dass ich ihn unter einer Vakuumpumpe über Schwefelsäure platziert habe. Auf diese Weise wurde der Kopf so hart wie die Schädel der Neuseeländer; aber zugleich war jeder Ausdruck verloren.«

Gravierender noch als dieser Gesichtsverlust war die rasch einsetzende Verfärbung des Kopfes, die dem Verblichenen ein wahrhaft monströses Aussehen verlieh – und so war Southwood Smith genötigt, das Haupt des Philosophen durch eine Wachsnachbildung zu ersetzen. Als getreuer Testamentsvollstrecker hielt er sich penibel an die Anweisungen seines Freundes, der verfügt hatte: *Das Skelett soll er* [Southwood Smith] *so zusammensetzen, dass der Körper in jenem Stuhl platziert wird, den ich üblicherweise eingenommen habe, wenn ich mich beim Schreiben den Gedanken hingegeben habe. Ich verfüge fernerhin, dass der solcherart präparierte Körper zu meinem Nachlassverwalter gebracht wird.*

Also nahm Southwood Smith diesen merkwürdigen Gast in seinem Haus auf, kleidete ihn in seine Lieblingskleider, gab ihm seinen Spazierstock in die Hand und verstaute ihn in einer gläsernen Box, die jeder Gast, der die Wohnung betrat, zu Gesicht bekam. Später wurde Benthams Auto-Ikone an das University College London verbracht, wo sie bis heute thront. Wie im Hause von Southwood Smith war der konservierte Kopf zu Füßen des Philosophen aufgebahrt. 1975 kam es zu einem Vorfall. Der Kopf wurde entführt und gelangte erst gegen die Zahlung eines Lösegelds wieder in Besitz der Universitätsleitung, die ihn zunächst in einem Archivraum, ab 2005 in einem Safe des Archäologischen Instituts des University College verwahrte.

Nutzen der Toten für die Lebenden

Mochte im historischen Kontext der *Anatomy Bill* die Schenkung seiner leiblichen Überreste noch einem nachvollziehbaren Ziel folgen, so mutet der zweite Verwendungszweck, den Bentham in seinem *Auto-Icon* ausführt, eher bizarr an: die statuarische Verwendung seiner sterblichen Überreste. Gewiss mag Bentham hier von höchstpersönlichen Erwägungen getrieben worden sein (der schönen Aussicht, auch fürderhin im Kreise seiner Freunde und Schüler zu thronen), dennoch ging sein Konzept der Auto-Ikone weit darüber hinaus.

So entwarf er den Prospekt ganzer Ahnengalerien, in denen die Verstorbenen ausgestellt wurden – die Präsidenten einer hochmögenden Institution beispielsweise. Um den Toten eine größere Überzeugungskraft zu verleihen, könne man sie zu postumen Gesprächen anregen. Setze man ein Kind in eine dieser Puppen, so könne man auch das körperliche Gebaren der jeweiligen Auto-Ikone steuern, Arme bewegen, die Lider öffnen oder schließen. Man mag derlei Fantasien als Überspanntheiten eines exzentrischen Kopfes abtun, in einem symbolischen Sinne sind sie uns, halten wir uns die kinematografischen, aber auch animationstechnischen Entwicklungen der letzten zweihundert Jahre vor Augen, keineswegs fern.

Benthams Auto-Ikone ist längst Realität: das kinematografische Überlebsel eines Menschen, seine Stimme, sein Gesicht, seine Bewegungen. Nehmen wir den jetzigen Stand der Technik, ist es nur eine Frage der Zeit, bis wir den digitalen Wiedergängern von Verstorbenen begegnen. Wie der Regisseur eines solchen Events seinen frühverstorbenen Künstler in Szene setzt, ist zutiefst mit Benthams Frage verknüpft, welchen Nutzen die Toten für die Lebenden haben. Dieser Nutzen hat mit Leichenfledderei so wenig zu tun wie mit dem klassischen Totenkult. Man könnte eher von einer Form des *Memento vivere* sprechen, bei dem der Tod seine letzte Fremdheit verloren hat und zu einem Leben aus der Konserve geworden ist.

Tatsächlich stellt Benthams Verwandlung in eine Statue seiner selbst keine Aberration, sondern die Summe des utilitaristischen Denkens dar. Geht es hier zunächst darum, der Materie noch den letzten Nutzen abzupressen, den sie dem Glück der Überlebenden bieten kann, besitzt die Auto-Ikone eine zweite, aus Benthams Sicht vielleicht noch sehr viel gewichtigere Funktion. Denn indem sie den Platz des Lebenden übernimmt, verstopft sie jenes Loch, aus dem die Ungeheuer der Vernunft hervorkriechen, all jene Fiktionen, denen Benthams philosophischer Hass gegolten hat.

So wie er sich schon früh seine Auto-Ikonisierung zum Ziel setzte, kämpfte er von Anbeginn gegen die Herrschaft all jener Wörter an, die nichts sind als Schall und Schwindel, »der Pestilenzhauch der Fiktion, der jedes Instrument vergiftet, das sich ihr nähert«. Im Gegensatz zu seinen empfindsamen Zeitgenossen sah Bentham das menschliche Wesen nur zwei Göttern untertan: der Lust und dem Schmerz. Woher also dieses sonderbare Begehren, noch den eigenen Leichnam, im Panoptikum der Philosophie, mit Aristoteles parlieren zu sehen? Wie mag ein Geist, der mit allen Mitteln den Idealismus bekämpft hat, einer solchen Geisterbahn das Wort reden wollen?

Der hedonistische Calculus

Solange man Benthams Auto-Ikone lediglich als merkwürdige Exzentrizität wahrnimmt, lässt sich diese Frage nicht plausibel beantworten. Es lohnt sich deshalb, das Konzept vom Zentrum der utilitaristischen Theorie her zu begreifen. Die Auto-Ikone tritt schließlich nicht an die Stelle des individuellen Menschen mit seinen Idiosynkrasien, sie steht vielmehr für die *öffentliche Person*, die Person, insofern sie *public domain* werden kann. Diese Umstellung hin zu einem vergemeinschafteten Wesen ist aber ein Grundstein der benthamschen Lehre.

So postulierte er schon in seinem *Fragment on Gouvernment* von 1776 das Fundamentalaxiom, dass nicht irgendeine moralische Instanz, sondern das kollektive Glück der Maßstab für richtig und falsch sei (»it is the greatest happiness of the greatest number that is the measure of right and wrong«). Nicht nur dass sich mit diesem Axiom die Betrachtungsweise vom Individuum auf das statistische Selbst verlagert, zudem entsteht die Notwendigkeit, das jeweilige Surplus an kollektivem Glück zu metrisieren, eine Aufgabe, der Bentham in seiner *Introduction to the Principles of Morals and Legislation* von 1789 mit dem »hedonistischen Calculus« nachkommt. Man hat es hier mit einer Dezentrierung des Individuums zu tun, einem Blickwinkel, in dem der Einzelne nicht als Individuum, sondern Teil des Gesellschaftsnetzes aufgefasst wird.

Nun ist dieser Vergesellschaftungsaspekt auch das Charakteristikum jener Institution, als deren Erfinder Bentham eine eher sinistre Berühmtheit erworben hat: des Panoptikums, jenes idealen Gefängnisbaus also, den Foucault als Dizplinierungsmaschine der modernen Gesellschaft betrachtet hat. Ein kreisrunder Bau, in dessen Mitte ein zentraler Überwachungsturm steht und der alle darin befindlichen Akteure ein und demselben Gesetz unterwirft. Mag dies historisch in der Erfindung der Zentralperspektive vorweggenommen sein, bewirkt Benthams kühne Raumgliederung, dass die Dialektik von Beobachten und Beobachtetwerden jeden einzelnen Anwesenden erfasst, von den Gefangenen bis zu den Wärtern.

Das Ingenium des Baus ist also vor allem psychologischer Natur: Denn die vollständige Transparenz des Aktionsfelds verwandelt die Akteure zu öffentlichen Personen und beraubt sie ihrer Heimlichkeiten. Da jedermann fortan im Bewusstsein der Sichtbarkeit handelt, kommt es zu einer Hebung der Sitten, kann man darauf rechnen, dass sich die Beteiligten selbst kontrollieren. So stupend ist dieser Mechanismus, dass man von einem säkularen Transsubstantiationswunder sprechen könnte. Interessanterweise spielt Bentham – all seinen religiösen Animositäten zum Trotz – auf genau diesen Mechanismus an, wenn er schreibt, dass die »offenkundige Omnipräsenz des Inspektors (wenn mir die Geistlichkeit diesen Ausdruck gestattet), kombiniert mit der extremen Leichtigkeit seiner Realpräsenz« den entscheidenden Vorzug dieser Maschine ausmache.

So wirkt der Turm in der Mitte des Gebäudes wie ein *deus absconditus*, ein unsichtbarer Gott, der im Innern des Turmes verborgen ist, aber dennoch, weil die Menschen an seine Allmacht glauben, eine einschüchternde Autorität ausstrahlt. Die Architektur (das System) übernimmt in diesem Kontext die Funktion des Souveräns. Stellt man den Turm des Panoptikums Benthams Auto-Ikone zur Seite, so tritt eine Parallele hervor: So wie die Auto-Ikone den Leichnam Benthams in sich trägt, beherbergt der Turm den Leichnam des Leviathan, jener Entität, die schon Thomas Hobbes einen »sterblichen Gott« (»a mortall God«) genannt hatte. Allerdings tut, wie das Panoptikum beweist, die Sterblichkeit dieses Gottes seiner Wirksamkeit keinen Abbruch.

Denn in der Architektur nimmt das Phantom der Omnipräsenz dadurch Gestalt an, dass es sich in die Köpfe der Akteure hineinsetzt, und zwar unterschiedslos. Wie auf dem Frontispiz des *Leviathan* angedeutet, werden sie zu jener Sammelperson, die ihre eigene Überwachung besorgt. Fortan ist auf den Big Brother zu verzichten, sind es doch die vielen kleinen Brüder, die sein Geschäft besorgen. Aus der alten zentralperspektivischen Herrschaftsmaschine ist ein sich selbst steuernder, autopoietischer Herrschaftsprojektor geworden. Selbstverständlich war sich Bentham dieser Umcodierung der Gouvernementalität hochbewusst, rühmt er sich doch im Entwurf des Panopticons damit, die uralte Frage der politischen Delegation gelöst zu haben (*quis custodiet ipsos custodes?* – Wer beaufsichtigt die Aufseher?). Die Art und Weise, wie er diesen gordischen Knoten nicht durchschlagen, sondern gelöst hat, ist eine psychologische Machination ersten Ranges.

Wenn wir heute Transparenz einfordern und uns von daher eine Besserung der politischen Sitten erhoffen, bewegen wir uns in der Logik von Benthams Panoptikum. Dies vor Augen, muss man sagen, dass die foucaultsche Deutung, die Bentham in das Koordinatennetz von »Strafen und Überwachen« einspannt, die Dialektik seines Denkens verkennt. Gewiss handelt es sich um eine Disziplinierungsmaschinerie, allerdings ist sie nicht durchweg punitiver Natur, sondern lässt sich ebenso gut als positiver Rückkopplungsmechanismus auffassen. Nicht umsonst hat Bentham sein Kontrollhaus nicht exklusiv als Gefängnis, Besserungs- oder Irrenanstalt, sondern als Prototyp auch der modernen Fabrik, des Hospitals, ja der Schule betrachtet.

So entwirft er in seinem *Constitutional Code* eine Art Parallelarchitektur zu seinem Idealgefängnis. In diesem Fall stehen nicht die Delinquenten im Fokus der Überwachung, sondern die Minister oder Staatsbeamten, die gewahren müssen, dass ihr Tun und Treiben von den Bürgern überwacht werden kann, mit Hilfe eines kleinen Spions, der im Warteraum vor der Amtsstube angebracht ist. Die Öffentlichkeit ist mithin der Konterpart des Panoptikums – und sie zeigt, dass Benthams Panoptismus nicht bloß ein Instrument der herrschenden Klasse ist, sondern umgekehrt auch zur Kontrolle der Herrschenden eingesetzt werden kann. Auf heutige Verhältnisse übertragen hieße dies: Benthams Ordnung der Transparenz würde der NSA wie Edward Snowden gleichermaßen Recht geben. Gerade in der Offenlegung des Geschehens kommt es zu einer Hebung der Sitten, sind Machthaber wie Untertanen gleichermaßen genötigt, das eigene Verhalten zu überdenken.

Der Bürger als Doppelnatur

Lässt man die Geschichte des benthamschen Transparenzverdikts Revue passieren, so lässt sich sagen, dass die benthamsche Transsubstantiationslogik (hin zur öffentlichen, vergesellschafteten Person) eine noch stärkere Wirkung gehabt hat als jener Mechanismus, den Adam Smith die »unsichtbare Hand« getauft hat. Verwandelt die unsichtbare Hand des Markts den eigennützigen Menschen zu einem servilen Dienstleister, macht der Panoptismus aus ihm ein Gesellschaftswesen, eine öffentliche Person, die sich mit Imagefragen beschäftigen muss und damit, welche Außenwirkungen das eigene Handeln, Aussehen und Denken zur Folge hat.

Genau hier liegt das Drama, vor dem wir den benthamschen Auto-Ikonisierungsakt lesen müssen. Denn mit dem Tod des Königs erbt der aufgeklärte Bürger das Dilemma seines Souveräns. So wie dieser zwei Körper besaß (einen natürlichen und sterblichen Leib einerseits, einen unsterblichen, symbolischen Leib andererseits), wird auch der Bürger fortan als Doppelnatur aufgefasst.¹ Allerdings sind diese beiden Naturen keineswegs gleichberechtigt.

Dem hedonistischem Calculus gemäß kann gesellschaftlicher Nutzen nämlich nur dort entstehen, wo der Einzelne etwas zum gemeinsamen Wohl beiträgt, wo er also als öffentliche Person agiert. Insofern ist Bentham – und dies unterscheidet ihn von Adam Smith – von vornherein klar, dass Nutzen nicht identisch mit Eigennutz ist, ja dass selbige einander geradezu ausschließen müssen. Stellt der Einzelne den Eigennutz vor das Gemeinwohl, agiert er wie der politische Tyrann, der das Gemeinwohl für seine persönlichen Vorteile opfert.

So besehen kann es kein Gemeinwohl ohne eine Disziplinierung des Einzelnen geben. Ohne gesellschaftliche Vermittlungsleistungen (ohne ausgesprochene oder auch unausgesprochene Gesetze) gibt es keine Möglichkeit, die Menschen vor der Korruption zu bewahren, davor nämlich, jenes finstere Opfer zu begehen, das in der Ausplünderung und der Unterdrückung besteht. In diesem Sinn ist das Verhältnis der beiden Persönlichkeitsanteile konfliktuös, ja man könnte, in theologischen Kategorien, von einem intrapsychischen Manichäismus sprechen.

Verlangt die gnostische Selbstkasteiung vom Gläubigen, dass er seinen irdischen Leib um seiner unsterblichen Seele willen abtötet, geht es beim Drama des auf-

---

[1] Die Natur, so heißt es in Benthams *Principles on Moral and Legislation*, habe den Menschen unter das Regiment zwei souveräner Meister gestellt: Schmerz und Lust. Daraus wiederum leitet sich der Kulturprozess ab: als *pursuit of happiness*, und zwar nicht des Individualwesens, sondern des Kollektivs.

geklärten, selbstkontrollierten Menschen darum, dass er sein sperriges, widerständiges Selbst zugunsten einer gesellschafts- und anschlussfähigen Auto-Ikone abtötet. Zweifellos handelt es sich dabei um eine Diziplinierungstechnik, deren Wirkungen wir nicht nur im Politischen, sondern auch im Psychologischen besichtigen können. Denn da steht dem »gläsernen Bürger« das Bild des selbstoptimierten »digital native« gegenüber.

Die totale Transparenz

Dennoch erstaunt, dass dieser Mechanismus bis heute weitgehend dunkel geblieben ist. Monieren wir einerseits die panoptischen Strukturen in staatlicher oder privatwirtschaftlicher Hand (siehe NSA-Debatte), erscheint uns der Schlachtruf nach mehr Transparenz als Lösung eben dieses Dilemmas. Damit aber verkennen wir, dass beide Forderungen der panoptischen Logik soufflieren. Ärger noch: In der projektiven Fixierung auf die Zentralgewalt, die über uns thront, blenden wir die Tatsache aus, dass sich die Herrschaftsstruktur, als projektive Ordnung, längst in unsere Köpfe gesetzt hat und hier – als Fantasma – eine ganz eigene Logik entfaltet. Denn diese Logik erschöpft sich keineswegs in immer subtileren Überwachungs- und Disziplinierungstechniken, sondern ruft das Begehren nach einer so beschaffenen Aufmerksamkeit auf den Plan – jenes Begehren, das hinter der in den neuen sozialen Medien ausagierten Selfie- und Selbstdarstellungskultur liegen dürfte.

Allerdings geht der von konservativen Kritikern gern und reflexhaft ins Feld geführte Narzissmusverdacht an der Sache vorbei. In Fortschreibung der benthamschen Logik können wir in unseren Selbstinszenierungsmühen eine Disziplinierungsleistung ersten Ranges erkennen: das unaufhörliche Bloggen, Tweeten, Sharen, all die Zurichtungen, die wir uns antun, um einem imaginären Selbstbild Genüge zu tun.

Nun ist es zu einem Gemeinplatz geworden, in all diesen Selbstoptimierungsbestrebungen das lebensweltliche Echo eines neoliberalen Gedankenkorsetts zu sehen – und in diesem Kontext ist Bentham gewiss ein würdiger Urahn. Seine Bereitschaft etwa, im Namen der Vertragsfreiheit eine Verteidigung des Wucherwesens (1787) zu schreiben, seine Ablehnung von moralischen Letztbegründungen, das *Greatest Happiness Principle*, Frauenwahlrecht, Legalisierung der Homosexualität, der Gedanke der Internationalität – all dies sind Konzepte, die man im neoliberalen Denken findet, ja die bisweilen weit darüber hinausgehen (wie etwa Benthams Eintreten für die Tierrechte). Aber stärker noch als die seinem Werk innewohnenden libertären Tendenzen betrifft uns Benthams hedonistischer Calculus: die Ökonomisierung unser Affekte und Empfindungen in den Zeiten der Internetökonomie.

Jeder Ökonom, der die Steigerung des Bruttosozialprodukts mit dem Gemeinwohl gleichsetzt, ist, ob bewusst oder nicht, ein Erbe dieses Denkers, und was immer wir mit solchen Buzzwords wie Open Source, Crowdsourcing etc. anrufen, verweist uns auf Benthams panoptische Logik wie auf seinen hedonistischen Calculus.

Umso bedenkenswerter aber sind die dunklen Flecke dieses Denkens, die nirgends deutlicher werden als in Benthams grotesk anmutendem Auto-Ikonisierungsversuch. Denn hier kann man beobachten, wie im Denken des Materialisten die verdrängten Aspekte des Utilitarismus zurückkehren – all jene Geister und Ungeheuer, die Bentham einzuhegen suchte. Ist es in seinem Falle die Verführung der Philosophie (die Sehnsucht des Philosophenkönigs, der Nachwelt als sprechender Leichnam erhalten zu bleiben), so konfrontiert uns der Selfie-Wahn damit, dass wir unsere imaginären Selbstbilder vor allem dazu nutzen, die Fantasien eines längst untergegangenen Zeitalters am Leben zu halten.

Journal (XXIX)

Von Stephan Herczeg

Wochenlang standen die unausgepackten Umzugskartons mit den Büchern entlang der langen Wand in der neuen Kölner Wohnung und sahen in ihrer ordinären Braunheit hässlich und schäbig aus. Jeden Tag starrte ich während des Frühstücks wie gelähmt auf die Kartons und die darin befindlichen, hinterbliebenen Bücher, die ein dem Umzug geschuldetes, grausames Selektionsverfahren durchlaufen und überlebt hatten. Im Reduktionswahn hatte ich zuvor fast zwei Drittel meines Buchbestands, den ich aber auch als ungeordnete, aus dem Ruder gelaufene, eingestaubte Belastung empfand, aussortiert und an sonnigen Tagen portionsweise, in kleine Pappkisten verpackt, zur kostenlosen Mitnahme vor die Haustür gestellt.

Wehmütig betrachtete ich die vollgestopften Bücherkisten auf ihrem Gang zum Schafott. So wie jeder immer meint, er sei beim besten Zahnarzt der Stadt in Behandlung, fand ich, dass selbst noch die zwangsausgewiesenen Bücher auf meinen exzellenten Literaturgeschmack schließen ließen. Befeuert wurde diese Selbstüberschätzung noch durch eine anonym in der fast leeren Bücherkiste hinterlassene und am Abend vorgefundene Postkarte, auf der ein von mir Beschenkter die Worte »Vielen Dank für die schönen Bücher!« gekritzelt hatte. Zusammen mit zwei übriggebliebenen Büchern – einem Anatomieatlas und einem Bändchen mit Ringelnatz-Gedichten – schmiss ich die Danksagungskarte gerührt in die Mülltonne.

Das neue Bücherregal war endlich aufgebaut und konnte nun befüllt werden. Dass ich für heutige Verhältnisse alt bin, ist unter anderem am Besitz mehrbändiger Nachschlagewerke zu erkennen, die vor Erfindung des Internet nötig waren, um simpelste Dinge in Erfahrung zu bringen, ohne dafür eine halbe Stunde lang mit der Straßenbahn in die Universitätsbibliothek fahren zu müssen. Gut, der vierundzwanzigbändige, jahrelang in Subskriptionsraten abgestotterte Brockhaus mit Goldschnitt mag heute veraltet sein, aber so viel hat sich an der Geschichte Nigerias oder der Biografie Guglielmis in den letzten fünfundzwanzig Jahren auch nicht geändert, wie sich nach einem Abgleich mit Wikipedia innerhalb weniger Sekunden leicht feststellen ließ.

Also alle Lexika und Enzyklopädien in die untersten Regalreihen gedonnert, damit sie nicht so auffallen, wenn junge Leute zu Besuch kommen, und darüber die unterschiedlich hohen und bunten Prosa- und Lyrikbände, Sachbücher, Bildbände und Zeitschriften, alle abgesaugt und alphabetisch oder nach Themen sortiert. Ich komme mir kulturspießig vor und wie ein Kind, das Stadtbücherei spielt, und vermisse meine alten, chaotisch zugestopften Regalwände mit all dem auf Flohmärkten und in Ebay-Auktionen zusammengekauften Schrott, der sich jetzt im Besitz irgendwelcher Fremden befindet.

Ich erkunde das Viertel, in dem ich jetzt wohne, und laufe ziellos durch die Straßen. Mir ist die Gegend vollkommen unbekannt, ich komme mir wie in einer fremden Stadt vor, was ich aber mag, das Gefühl der Fremde, des Nichtdazugehörens. Das Viertel ist für Kölner Verhältnisse ausgesprochen hübsch und idyllisch. Leicht geschwungene Straßen hat ein früher Stadtplaner durch das Viertel gelegt und diese fast ausschließlich von Gründerzeitbauten flankieren lassen. In den kleinen Vorgärten blühen Buschrosen hinter barockisierenden Metallgitterzäunen, die Mülltonnen sind geschickt hinter Hecken versteckt. Hier scheinen nur Akademikerehepaare mit Festanstellung, zwei Autos, fünf Fahrrädern und drei Kindern zu wohnen oder rüstige Rentner, die jeden Werktag morgens um halb zehn mit ihren Trolleys den Tageseinkauf im Supermarkt erledigen. Ich überlege mir kurz, ob ich die Menschen aus meinem alten Viertel vermissen soll, die morgens mit Kaffeebechern und ab sechzehn Uhr mit Bierflaschen in der Hand durch die Gegend rannten. Aber ich glaube, ich komme inzwischen ganz gut ohne sie aus.

An der etwas lebhafteren Hauptstraße des Viertels, gegenüber dem Bestattungsinstitut Kuckelkorn, befindet sich ein vermeintliches Jugendcafé, in dem nur Einheimische meines Alters sitzen und sich von den beiden jungen, halstätowierten Bedienungen Frühstücksquatsch wie Pancakes mit Ahornsirup und Gourmetburger andrehen lassen. Ich glaube, wir gehen alle nur in das Jugendcafé, weil wir dort von jungen Menschen geduzt und ernstgenommen werden. Noch lieber würden wir wahrscheinlich dort arbeiten und wie am Fließband Cappuccinos mit Herzchenschaum gestalten.

Direkt neben dem Café, in der Nähe der Straßenbahnhaltestelle, koexistiert ein weiterer Hotspot des Viertels, der »24 Stunden Kiosk«. Hier gibt es erstaunlicherweise internationale Tageszeitungen, zehn Kühlschränke Bier und ab zweiundzwanzig Uhr laute Deep-House-Musik, bei der man sich dann fragt, für wen sie wohl als verkaufsfördernde Maßnahme gespielt wird. Aber vielleicht finden ja iranische Taxifahrer und die drei starken Trinker des Viertels, die regelmäßig vor dem »24 Stunden Kiosk« abhängen, Deep House total super.

Das Wochenende hatte ich damit verbracht, Teju Coles Nigeria-Roman *Every Day is for the Thief* zu lesen, aber auch herauszubekommen, wie er es schafft, auf seinem Instagram-Account Fotos zu posten, die nicht quadratisch sind – wie alle Fotos auf Instagram –, sondern querformatig. Google-Recherchen ergaben, dass man hierfür seine Bilder einfach durch eine spezielle App jagt, die das querformatige Originalfoto oben und unten durch weiße Balken zum Quadrat ergänzt, die das Foto auf dem weißen Standardhintergrund der Instagram-App dann eben gefaket quer-rechteckig erscheinen lassen. Es rührte mich ein wenig, dass er eine solche Teenager-App benutzt, die normalerweise dazu dient, Selfies rosa zu umranden und mit Text in einer hässlichen Schriftart zu verzieren. Ich werde das jetzt auch ab und zu machen und jedes Mal dabei an Teju Cole denken.

Meine Karte für die Teju-Cole-Lesung hatte ich mir schon vor zwei Wochen besorgt. Ich gehe normalerweise nie zu Lesungen und höre auch keine Hörbücher, weil ich selber lesen kann und mich schauspielerisch artikulierte, mit Schmiss vorgelesene Texte abstoßen. Aber bei Teju Cole wollte ich mal eine Ausnahme machen. Da saß ich nun also, im schönen holzvertäfelten Saal des Belgischen Hauses in Köln, und lauschte Coles sonorer, ruhiger Stimme, mit der er die ersten Seiten seines autobiografisch erscheinenden Nigeria-Reisetagebuchs vortrug, das aber eigentlich ein fiktiver Roman mit fiktivem Ich-Erzähler und erfundenen Familienverhältnissen und Begegnungen ist. Außerdem handelt es sich bei *Every Day is for the Thief*, das man für Coles zweites Buch halten könnte, um Coles Debütroman, 2007 erstmals in Nigeria in kleiner Auflage erschienen, bevor er ein paar Jahre später mit *Open City* in den Vereinigten Staaten bekannt wurde.

Auf die Anmerkung der Moderatorin, das sei ja ein schlauer Move gewesen, sein erstes Buch als vermeintlich zweites Buch nachzulegen, um sich damit nicht dem Erfolgsdruck des nun noch zu schreibenden, auf *Open City* folgenden Romans stellen zu müssen, reagiert Teju Cole wenig amüsiert. Er habe seine wider Erwarten erfolgreiche Karriere als Schriftsteller ja nicht generalstabsmäßig geplant und sich überlegt, mit einem Roman wie *Open City*, in dem auf zweihundert Seiten quasi nichts passiert, weltbekannt zu werden, um danach seinen ersten Roman noch einmal zu veröffentlichen. *Things happen*, und er sei selber am allermeisten davon überrascht worden.

Es folgen von einem weißen, deutschen Mann um die Sechzig mit der Stimme eines weißen, deutschen Mannes um die Sechzig mit Schmiss vorgetragene Auszüge aus der deutschen Übersetzung des Romans. Die beeindruckende Szene zum Beispiel, in der ein jugendlicher Dieb in einem Basar in Lagos von einer Gruppe Männer gelyncht und verbrannt wird oder die Beschreibung einer Verkehrskontrolle mit von korrupten Polizisten willkürlich verhängten und sofort zu bezahlenden Strafgeldern. Während in den USA und Europa, erzählt Cole, seine Schilderungen des heutigen Nigeria eher Bestürzung und Betroffenheit auslösten, werde in Nigeria das Buch vor allem als lustig wahrgenommen. Nigerianer, für die Schmiergeldzahlungen das Allernormalste auf der Welt seien, würden sich über Coles diesbezügliche Alltagsbeschreibungen kaputtlachen.

Teju Cole hat es an den Stimmbändern und möchte die Lesung bald zu Ende bringen. Die letzten Zeilen seines Buchs lese er nun noch vor, sagt er, danach stünde er aber bei Bedarf sehr gerne für Autogramme, Selfies und Umarmungen zur Verfügung. Wenn die Schlange kürzer gewesen wäre, hätte ich mich für eine Umarmung angestellt.

Der Merkur im Internet: Aktuelle Interventionen und Kommentare, Reaktionen auf Texte in der Druckausgabe, Blicke ins Archiv, Hinweise zu Tagungen und Links zu lesenswerten Artikeln und Essays online, zu finden unter:

www.merkur-zeitschrift.de/blog/

Im nächsten Heft:

Monika Dommann/Kijan Espahangizi
Gespräch mit Susanne Baer

Ernst-Wilhelm Händler
Die Kunst, die Kritik und das Geld

Thomas Etzemüller
Ins »Wahre« rücken.
Selbstdarstellung im Wissenschaftsbetrieb